KB086102

광고는 왜 10대를 좋아할까?

10대를 똑똑한 소비자로 만드는 광고의 모든 것

광고는 왜 10대를 좋아할까?

샤리 그레이든 글 | 미셸 라모로 그림 | 김루시아 옮김

오유아이 Oui

3장 팔릴 때까지 두드려라!

6장 너 자신의 힘을 믿어 봐!

★ **1**장 ★

광고,
넌 누구니?

아이들을 불러 앉혀 놓고 광고란 무엇인지 진지하게 이야기해 주는 부모님이 있을까? 아마도 그런 어른은 별로 없을 것 같다. 학교에서 배우는 과목에 광고가 들어가 있지 않은 건 참 아쉬운 일이다. 시엠송과 광고 멘트는 몇 번 듣지 않고도 금방 외워지니 일 년 내내 시험공부를 따로 할 필요가 없을 텐데 말이다.

그런데 생각해 보면 광고는 우리가 태어나면서부터 쭉 '공부해 온' 과목이다. 아주 어릴 적부터 텔레비전 앞에 앉아 있거나 동네 가게 앞을 아장거리고 다니면서 우리는 분명히 광고 문구를 맞닥뜨렸고, 그것을 보면서 남을 설득하는 데 어떤 기술이 쓰이는지 알게 모르게 배워 왔다.

광고는 다루는 상품이 무엇이건 간에 사람들의 관심을 끌어 그 상품이 얼마나 멋있고, 빠르고, 값싸고, 맛있고, 훌륭한지를 말해 주는 것이라 할 수 있다. 이와 달리 어떤 사람들은 광고가 우리의 두뇌 활동을 멈추고 지갑을 열게 하는 속임수라고 주장하기도 한다.

어떻든 광고가 우리 삶의 일부가 되어 버린 건 사실이다. 이제 광고 없는 세상을 상상하기란 쉽지 않다.

옛날에도 광고가 있었을까?

광고는 사람들이 나무토막 두 개를 비벼서 불을 만들기 시작했을 때부터 어떤 형태로든 존재해 왔다.

고대 그리스에서는 상금을 제시하는 포스터를 내걸었다. 또 이사하고 싶을 때는 집 벽에 페인트칠로 광고를 했다.

고대 바빌로니아(지금의 이라크 지역)에서는 왕들의 이름을 사원과 경기장 같은 건물에 새겼다.

도시가 발전하면서 상인들은 자기 가게에 나무로 만든 표지판을 내걸었다. 당시 사람들은 대부분 글을 읽지 못했기 때문에 표지판은 글자가 아니라 그림으로 되어 있었다.

인쇄술, 광고의 시대를 열다

1400년대에 이루어진 인쇄기의 발명은 모든 것을 혁명적으로 바꾸어 놓았다. 그때까지는 종교 지도자와 학자들만 글을 읽고 쓸 수 있었고, 일반인들은 문자가 아니라 언어로만 의사소통을 했다.

그런데 인쇄기가 나오면서 일반인들도 책을 접하기가 쉬워졌고 글을 배울 수 있는 기회도 생겼다. 인쇄기의 보급으로 책 말고도 다른 종류의 인쇄물을 만들 수 있게 되었다. 그렇게 해서 최초의 매스 미디어 (글자 그대로 많은 사람들이 이용할 수 있는 미디어)라 할 수 있는 광고 전단지와 포스터가 제작되기 시작했다.

이어서 신문이 등장했고, 그에 따라 커피, 부동산, 의약품을 비롯해 온갖

지금까지 알려진 가장 오래된 인쇄 광고물은 1472년 영국 런던의 한 교회 문에 나붙었던 전단지이다.

그러나 많은 사람들이 여전히 글을 몰랐다. 최초의 신문 광고는 그 뒤로 200년이 지나서야 나타났는데, 광고 내용은 도난당한 말을 찾아 주면 보상한다는 것이었다.

종류의 상품을 선전하는 신문 광고도 생겨났다. 그 뒤로 광고가 지나치게 많이 쏟아져 나오자 1758년에 영국의 유명 작가 새뮤얼 존슨은 사람들이 광고를 눈여겨보지도 않고, 그러다 보니 광고주들은 상품의 효과를 터무니없이 주장하며 '엄청난 약속'만 한다고 말했다. 그런데 250여 년이 지난 지금도 사람들은 광고주들이 사실을 과장하는 것을 여전히 못마땅해하고 있다.

그중에서도 의약품은 가장 터무니없는 과장 광고를 하는 분야였다. 오늘날에 비해서 의사는 부족한데 환자는 많다 보니 미리 조제해 놓고 파는 약이 등장했다. 이런 약을 '매약'이라고 하는데, 흔히 '만병통치약'이니 '기적의 치료제'니 하면서 팔렸다. 한 가지 사실은 '기적의 치료제' 따위를 개발한 이들은 누가 무엇을 발명했는지를 기록하는 특허청에 등록도 하지 않는다는 것이다.

그때 그 음료의 진실

오늘날 세계에서 가장 널리 알려진 상품 중 하나가 100년 전에 의약품으로 출발했다. 1900년대 초 이 상품은 두통을 가라앉히고 피로를 풀어 준다고 광고했다. 지금은 '갈증을 해소해 드립니다'라는 좀 더 누그러진 표현으로 광고를 내보내고 있다. 하지만 이 상품은 예전 의약품으로 팔릴 때 쓰던 '코카콜라'라는 상표를 그대로 쓰고 있다.

소비자를 만들어 내다

18 00년대 초 산업혁명으로 유럽과 북아메리카는 제조업에 기계를 도입했다. 기계 덕분에 기업은 더 빠른 속도로 더 많은 제품을 만들어 냈다. 비누나 양초처럼 사람들이 스스로 만들어 써야 했던 물건도 이제는 집에서 만드는 것보다 사서 쓰는 게 돈이 덜 들었다.

버터를 만들고 밀랍을 모으는 것처럼 시간이 많이 걸리는 일을 하지 않아도 되어 사람들이 좋아했을 것 같지만 사실은 그렇지 않았다. 당시 사람들은 물건을 사는 데 익숙하지 않았기 때문에 기업은 자기네 회사에서 만들어 내는 물건을 사람들이 사게끔 설득해야만 했다.

광고가 기세를 떨치기 시작한 것은 바로 그때부터였다. 광고가 해야 할

일은 사람들이 물건을 사도록 하는 것뿐만 아니라, 지금까지와는 달리 사람들이 스스로를 소비자라고 느끼게 만드는 것이었다. 이것은 아주 새로운 생각이었다. 당시 사람들은 하는 일이나 만드는 물건으로 자신이 어떤 사람인지 보여 주고자 했기 때문이다. 다시 말해 지금처럼 누가 최신 자동차나 가장 큰 텔레비전을 갖고 있는가가 아니라, 누가 더 맛있는 빵을 구워 내고 누가 더 톱질을 잘하는가를 두고 경쟁을 벌였다. 당시에는 자신이 직접 물건을 만들지 못하고 다른 사람이 만든 물건을 사는 사람을 능력 없는 사람으로 여겼다.

광고주는 사람들의 그런 태도를 바꾸고, 공장에서 만든 제품이 집에서 만든 것보다 낫다고 설득해야 했다. 그러기 위해 광고주가 쓴 방법 중 하나는 상품에 로고를 붙이는 것이었다. 세계적인 식품 회사인 미국의 캠벨 수프와 퀘이커 오트밀은 1880년대에 처음으로 로고를 만든 대표적인 기업이다. 로고는 사람들에게 좀 더 친숙하게 다가가, 대량으로 만들어지는 생산품을 개개인을 위한 것으로 보이게 하려고 만들어 낸 것이다. 오늘날 퀘이커 오트밀 로고에 그려져 있는 인물과 비슷한 광고 등장인물들이 당시에 고안되었는데, 이것은 신뢰할 만한 상점 주인에게서 물건을 사는 것 같은 느낌을 사람들에게 주기 위해서였다.

로고란 무엇일까?

로고란 회사를 표시하는 '서명'같은 것이다. 로고는 코카콜라의 로고처럼 특이한 서체로 된 이름일 수도 있고, 나이키의 '스우시(휙 지나가는 소리)'처럼 마크일 수도 있다. 때로는 이름과 상징이 조합을 이루기도 한다. 빨간색과 파란색 도미노 아래에 회사 이름이 적혀 있는 도미노 피자의 로고가 그런 경우이다.

시대에 따른 변화

1400년대
인쇄기의 발명은 광고가 대량 생산될 수 있음을 의미하는 것이었다.

1800년대
철도는 우편 배달의 속도를 높여 더 많은 광고물을 우편으로 배달할 수 있게 되었다.

1839년
사진기의 등장으로 광고주는 광고에 그림 대신에 실물 같은 사람과 상품, 장소를 담을 수 있게 되었다.

1920년대
라디오는 한 귀로 듣고 한 귀로 흘리는 새로운 광고의 세계를 열었다.

라디오와 텔레비전, 광고의 황금시대를 열다

라디오가 세상에 처음 나왔을 때, 많은 사람들은 라디오에서 흘러나오는 광고에 거부감을 가졌다. 1922년에는 미국의 한 고위 관료가 나서서 라디오가 '광고의 소음에 파묻히는 것'은 말도 안 되는 일이라고 말할 정도였다.

광고주들도 처음에는 라디오 광고에 시큰둥한 반응을 보였다. 하지만 라디오가 점점 사람들에게 친근한 매체로 다가가자, 광고주들은 라디오 광고에 관심을 보이기 시작했다. 라디오 방송 초기에 만들어진 일일 드라마를 '숍 오페라soap opera'라고 하는데, 비누 회사들이 라디오 일일 드라마를 후원했기 때문에 붙여진 이름이다. '후원'은 곧 광고를 한다는 말인데, 여기에서 광고는 단순히 15초나 30초짜리 광고에서 상품을 선전하는 것만을 가리키는 것이 아니다. 제조사와 광고 제작자가 실제로 대본을 쓰고, 배우를 고용하고, 드라마를 제작하면서 그 틈바구니에 상품 선전 문구를 끼워 넣는 것을 뜻했다.

1939년에 미국과 캐나다에서 처음으로 방송된 텔레비전 프로그램은 광고에서 라디오와 비슷한 방식을 채택했다. 방송 프로그램에는 광고주의 이름을 따서, 〈크라프트(미국의 식품 회사) 텔레비전 극장〉이라든가 〈굿이

당신을 사랑해요.

그리고 '깨끗해'표 세탁비누가 찌든 때를 없애 줘서 아주 좋아요.

어(미국의 타이어 회사) 텔레비전 극장〉이라는 이름을 붙였다.

텔레비전 프로그램 제작비가 계속 늘어나서 1950년에는 한 사람의 광고주가 그 비용을 모두 감당하기가 힘들어졌다. 그래서 광고주가 프로그램 제작 전체에 개입하지 않고, 오늘날 우리가 흔히 볼 수 있는 짧은 광고 시간대를 사게 되었다. 수십 년 동안 텔레비전 광고는 기업이 대중에게 다가갈 수 있는 가장 좋은 방법으로 여겨졌고, 기업은 인기 프로그램의 광고 시간대에 많은 돈을 내고 자기네 제품 광고를 내보냈다.

그런데 21세기인 오늘날에는 그러한 광고 전략이 바뀌고 있다. 이제 텔레비전 시청자들은 프로그램을 녹화할 수 있는 디지털 기기를 이용하고, 프로그램을 온라인으로 보거나 인터넷으로 내려받아 컴퓨터로 보기도 하

고, 주문 서비스를 이용해 자기가 원하는 시간에 보기도 한다.

이것이 광고주에게 무슨 문제가 될까? 이런 텔레비전 프로그램 시청 방법 중 어떤 것은 시청자들이 광고를 시청하지 않을 수 있게 해 준다. 이 문제를 풀기 위해 광고주는 초기 라디오 드라마처럼 상품 선전을 방송 프로그램에 직접 끼워 넣는 방법을 선택했다.

이와 같은 상품 간접 광고가 가장 많이 이루어지는 분야는 최근 무척 빠른 성장세를 보이는 '리얼리티 쇼'이다. 리얼리티 쇼는 대본 없이 드라마와 같은 상황이나 유머스러운 상황을 만들어 내는 텔레비전 프로그램으로, 전문 배우 대신 일반인들이 주인공으로 나온다. 기업은 꾸준히 리얼리티 쇼를 후원하기 때문에 그들의 상표를 우리는 어디서나 볼 수 있다. 주로 '도전' 프로그램에서, 심지어 그 프로그램에 들어가는 음악에서까지 그 상표가 언급되는 것을 볼 수 있다.

디지털 세계 속에서 진화하는 광고

19 90년대부터 광고 제작자는 사람들에게 다가가는 새로운 수단을 갖게 되었다. 그건 바로 인터넷이다.

인터넷 광고는 쌍방향으로 이루어지고, 각각의 이용자를 표적으로 삼기 때문에 텔레비전 광고나 라디오 광고와는 많은 차이가 난다. 유명 웹사이트 윗부분에 있는 팝업 창이나 배너를 이용해서 광고를 하는 광고주도 있고, 구글 같은 검색 엔진의 키워드를 기반으로 광고하는 광고주도 있다. 키워드를 기반으로 하는 광고는 이용자의 검색어와 관련된 광고를 웹 페이지에 보이게 하는 것이다. 또 플래시 사이트를 만들거나, 인터넷 이용자들이 들어와 온라인으로 자기네 제품을 사도록 하려고 게임이나 시합을 마련해 놓는 광고주도 있다.

기업은 또한 트위터, 페이스북, 블로그와 같은 소셜 미디어social media 사이트를 이용해 인터넷 사용자와 일대일로 만나기도 하고 상품에 대한 긍정적인 소문을 퍼뜨리기도 한다. 디지털 세계는 빠르게 변화하고 있어서 광고주는 자기네 상품과 서비스를 온라인으로 홍보하는 가장 효과적인 방법을 찾기 위해 늘 실험을 한다.

의사소통의 기법은 끊임없이 진화한다. 실시간 디지털 전송 기기들은 DVD를 밀어내고 그 자리를 차지했고, 비디오 게임은 점점 더 실감 나게

만들어지고 있으며, 스마트폰은 우리가 어디서든 텔레비전과 인터넷을 이용할 수 있게 해 준다. 앞으로 10년이나 15년 뒤에는 어떤 변화가 일어나고 또 무엇이 가능해질까?

광고는 감정에 호소할까, 이성에 호소할까?

광고가 필요하다고 주장하는 사람들은 소비자들이 스스로 무엇을 살지 합리적으로 결정한다고 말한다. 소비자들은 자신의 선택을 의식하고 이성에 따라 결정을 내린다는 것이다. 이와는 달리, 대부분의 광고가 사람들의 감정에 호소한다고 생각하는 사람들도 있다. 이들은 광고가 사람들의 이성이 아니라 감정에 호소해, 판단을 흐리게 해서 제품을 사게 한다고 말한다.

최근에 이성에 호소해서 어떤 제품을 구매해야 할 논리적 이유를 제시하는 광고를 본 적이 있는지 잘 생각해 보자. 반대로 멋진 이미지나 상황을 보여 주지만 제품에 대해서는 아무것도 말해 주지 않는 광고를 본 적은 있는가? 그렇다면 어느 광고가 더 기억에 남고 설득력이 있었는가?

광고의 바다에 빠지다

광고로 가득한 오늘날의 세상에 딱 맞는 속담이 하나 있다. '물고기에게는 물이 보이지 않는다.'라는 속담이다. 풀어서 말하면, 우리는 주위에 늘 있는 것들을 의식하지 못한다는 뜻이다. 주위에 늘 있는 것들은 그저 당연한 것으로 받아들이고, 자연스러운 것으로 여기게 된다. 그것이 좋은 것인지 나쁜 것인지, 또는 우리 삶에 어떤 영향을 미치는지 생각하지 않고 말이다.

편리한 기기와 첨단 기술이 넘쳐나는 세상에서 광고는 '물고기가 헤엄치는 물'과 같은 것이 되어 버렸다. 주변에 광고가 온통 넘쳐나기 때문에 우리는 더 이상 광고를 의식하지 못하게 되었다. 광고학자들은 현대인이 하루에 만나는 광고는 600~3000개에 이른다고 추정한다. 텔레비전과 라디오 광고를 비롯하여 잡지, 옥외 광고판, 게임, 인터넷과 같은 매체의 광고까지 합하면, 사람들이 광고를 의식하지 못하고 그저 '광고의 바다'에 빠져 산다고 해도 지나친 말이 아닐 것이다.

하루 동안 내가 만나는 광고는 몇 개일까?

대부분의 사람들은 주변에 광고가 많다는 데 동의한다. 그런데 도대체 얼마나 많은 걸까? 날마다 평균 수천 건의 광고를 만난다고 주장하는 이들도 있고, 사람들이 주의 깊게 보는 광고만 따진다면 200개 정도라고 주장하는 이들도 있다. 여러분도 하루 동안 만나는 광고를 모두 세어 보자. 이때 아래에 소개하는 광고도 함께 넣어야 한다는 걸 잊어서는 안 된다.

페이스북의 팬 페이지

라디오 시엠송

냉장고 자석

시리얼 상자의 선전 문구

휴대 전화 광고 문자

트위터의 후원사 트위트

옥외 광고판

동네 가게의 네온사인이나 차양에 쓰인 문구

전봇대에 붙여 놓은 포스터

학교 복도에 붙여 놓은 포스터

인터넷 검색할 때 나타나는 광고

친구 옷의 로고

잡지 광고

시내버스 광고

자동차 범퍼 스티커

텔레비전 광고

광고 수를 합해 보니 여러분이 생각했던 것보다 많은가, 아니면 적은가?

광고 효과, 있다 또는 없다?

광고의 효과를 놓고 사람들은 서로 다른 의견을 내놓고 있다. 그중 두 가지 의견을 살펴보면 다음과 같다.

광고주들의 생각
★ 광고는 제품이 더 많이 팔리게 하고, 기업이 많은 물건을 한꺼번에 만들도록 해서 제품의 가격을 낮추게 할 수 있다. 광고는 소비자가 여러 제품의 가격과 기능을 비교할 수 있게 해 주고 가장 좋은 제품을 찾을 수 있게 도와준다. 이러한 경쟁이 제품의 가격을 낮춘다.
★ 광고는 소비자에게 제품의 정보를 제공함으로써 소비자를 보호한다. 제품 선전에 많은 돈을 쓰는 기업은 소비자와의 약속을 지키고 상품의 구매 가치를 보장하기 위해 더욱 노력한다.
★ 광고는 소비를 일으키고, 돈을 돌게 하고, 일자리를 만들어 낸다.
★ 광고는 삶의 질을 높이는 제품을 선전하고, 소비자가 더 나은 삶을 추구하게 만든다.
★ 광고는 웹사이트, 잡지, 텔레비전 프로그램, 스마트폰 애플리케이션 같은 매체를 무료로 이용할 수 있게 해 준다. 광고가 없다면 소비자들은 이러한 매체를 사용하는 비용을 모두 부담해야 한다.
★ 광고주들은 많은 스포츠 행사와 문화 행사(테니스 경기, 자동차 경주, 연주회, 영화제)를 후원한다. 이러한 후원은 입장권 판매 수익금만으로는 사람들에게 제공할 수 없는 여흥거리를 만들어 준다.
★ 광고는 중요한 사회적 메시지(인종주의 철폐, 자선 행사 기부, 건강을 위한 운동 권장 등의 메시지)를 홍보하는 데 이용될 수 있고, 긴급한 상황(예를 들어, 결함 있는 위험한 제품의 회수)에서 공공의 안전 도구로 쓰일 수 있다.
★ 광고는 창의적이고 재미있다. 실제로 많은 사람들이 광고를 즐긴다.

비판자들의 생각

광고에 쓰이는 돈은 제품의 가격을 올린다. 광고비 때문에 제품 가격이 올라가면 광고비를 지불하는 것은 결국 소비자인 셈이다.

광고는 많은 광고비를 들이는 '대기업'이 그만큼 광고할 수 없는 '중소기업'을 시장에서 몰아내게 만든다.

광고는 소비자에게 불필요한 물건을 사도록 권장함으로써 쓰레기를 많이 만들어 내어 공해와 환경오염을 일으킨다. 아울러 광고는 사람들의 소비를 부추겨 장기적으로 경제에 나쁜 영향을 미친다.

광고는 특정한 사람들만을 보여 주어 많은 사람들이 행복이나 아름다움에 대해 잘못된 생각을 갖게 한다. 광고는 사람들이 스스로 불만스럽게 느끼도록 만들어 자신감을 잃고 상처받기 쉽게 만든다. 광고는 때때로 고정관념을 부추긴다.

더 많은 제품을 판매하기 위해 광고주들은 개인 정보를 수집하는데, 이는 사생활 침해가 될 수 있다. 또 그렇게 수집된 개인 정보는 당사자가 원하지 않는 방식으로 이용될 수 있다.

광고 메시지는 때로는 광고주가 후원하는 행사의 본래 뜻을 거스르기도 한다. 예를 들어, 어느 스포츠 행사를 음료 회사나 패스트푸드 회사가 후원한다고 하자. 그런데 설탕이 든 음료나 패스트푸드를 먹는 것은 건강에 이롭지 못하므로 건강을 위해 열리는 그 스포츠 행사의 취지에 어긋난다.

광고는 해롭거나 위험한 활동(예를 들어, 정크푸드를 먹거나 과속으로 운전하는 것)을 부추기기도 한다. 광고가 선전하는 삶의 양식은 서로에 대한 배려나 환경에 대한 책임 의식과 충돌하기도 한다.

광고는 때로 성가시고 주의를 산만하게 만든다.

다이아몬드는 어떻게 약혼의 상징이 되었을까?

다이아몬드는 언제부터 약혼반지의 보석으로 쓰였을까? 사람들은 대부분 이것이 오랜 세월 내려온 전통이라고 생각한다. 하지만 사실 다이아몬드 약혼반지는 광고가 만들어 낸 것이다.

오팔, 루비, 사파이어 같은 보석은 다이아몬드보다 훨씬 특별한 것으로 여겨져 오랫동안 여자들의 약혼반지에 쓰였다. 그런데 1947년에 거대한 다이아몬드 생산업체인 남아프리카공화국의 드 비어스사가 이 투명한 보석을 사랑의 결정체로 선전하는 광고를 시작했다. '다이아몬드는 영원하다'라는 이 회사의 광고 문구는 다이아몬드의 단단함과 내구성을 약빠르게 영원한 사랑의 개념과 일치시켰고, 그렇게 해서 다이아몬드는 바로 약혼을 뜻하는 보석이 되었다.

이처럼 잘 지어낸, 그리고 자주 반복되는 광고 문구는 사람들의 생각과 행동을 변화시키는 힘을 가진다.

걸어다니는 광고판

기업의 로고가 새겨진 티셔츠나 청바지를 입으면, 그 사람은 그 기업의 상품을 홍보하는 '걸어다니는 광고판'이 되는 셈이다. 우리가 여러 기업의 각종 제품을 얼마나 무료로 홍보하고 다니는지 옷장을 열어보면 알 수 있다.

여러분이 어느 회사에서 만든 티셔츠를 사면, 그 회사는 여러분에게서 돈만 받는 게 아니다. 여러분이 그 티셔츠를 입고 다님으로써 상품의 인지도를 높이는 효과까지 얻게 된다. 소비자가 어떤 옷을 입고 다니면서 그 옷을 만든 회사의 상표를 알리는 것은 그 상품과 그것을 만든 회사의 가치를 인정하는 것이나 마찬가지이기 때문이다.

야, 너는 걸어다니는 광고판이구나.

<해리 포터> 영화를 보고 나면 해리 포터 게임을!

예전에는 영화는 영화일 뿐이고, 장난감은 장난감일 뿐이었다. 이 둘은 서로 아무런 관계가 없었다. 그런데 미국에서 공상 과학 영화 <스타워즈> 시리즈(첫 편은 1977년에 나왔다.)가 나오고 나서는 모든 것이 바뀌었다.

<스타워즈> 시리즈의 제작자인 조지 루카스는 영화를 거대한 광고 오락물로 만든 최초의 인물이라고 할 수 있다. 그는 영화 제작비뿐만 아니라 영화 홍보비에도 수백만 달러를 썼다. 영화 시사회나 텔레비전 광고를 통해 영화를 홍보하는 데 그치지 않고, 스타워즈 장난감과 옷, 수집용품을 제작하는 여러 기업들과 특별한 계약을 맺어서 영화를 홍보했다.

이런 종류의 광고는 쌍방향으로 작용하기 때문에 '교차 홍보 cross-promotion'라고 부르기도 한다. 사람들은 <해리 포터> 시리즈 영화를 보면 마법사 용품이나 《해리 포터》 책을 사고 싶어 하고, <포켓몬스터> 시리즈가 영화로 개봉되면 그 영화를 보기 위해 포켓몬 카드를 수집한다. 그러니까 영화 관련 상품은 영화를 홍보하고, 영화는 또 그런 상품을 홍보하게 된다는 말이다.

그 결과 어떻게 되었을까? 첫째, <스타워즈>는 수백만 달러를 벌어들인 역사상 가장 인기 있는 영화 가운데 하나가 되었고, 뒤이어 나온 다섯 편의 후속작도 수많은 관객을 끌어들였다. 하지만 관람객 수는 상품 판매와 비교하면 새 발의 피에 지나지 않았다. <스타워즈> 시리즈는 장난감, 포스터, 비디오 게임, 레이저 검, 그 밖의 갖가지 상품 판매로 어마어마한 수익

을 올렸다.

  그 후 〈맨 인 블랙〉, 〈헝거 게임〉 같은 수많은 영화들이 〈스타워즈〉의 뒤를 따랐다. 오늘날에는 영화의 내용을 알기 위해 굳이 영화를 볼 필요도 없다. 광고가 온갖 방식으로 영화의 주요 장면을 먼저 보여 주니까 말이다.

게임 속 광고

영화와 텔레비전에서만 간접 광고를 볼 수 있는 것은 아니다. 1980년에 일본의 비디오 게임 제조사인 세가는 자동차 경주 아케이드 게임에 담배를 광고하는 배너를 사용했다. 미국에서는 버락 오바마의 2008년 대통령 선거 광고가 미식축구 게임에 등장했다.

광고주는 또한 그들의 상품과 마스코트를 게임 안에 끼워 넣기도 한다. 어떤 복싱 게임에서 선수는 미국의 패스트푸드업체 버거킹의 마스코트인 킹을 트레이너로 얻을 수 있고, 또 어떤 게임에서는 주인공이 남성용 화장품 회사의 로고가 들어간 셔츠를 입고 나온다.

광고, 성가실까 유용할까?

광고는 성가시고 불필요한 것일까, 아니면 즐겁고 유용한 것일까? 어쩌면 둘다 맞을 수 있다. 광고가 우리 삶에 어떤 영향을 미치는지 한번 생각해 보자.

- 여러분이 지금 보는 광고는 상품에 대한 정보를 주는 광고일까, 아니면 감정에 호소하는 광고일까?
- 어떤 형식의 광고에 눈길이 가는가?
- 여러분이 가장 좋아하는 광고는 무엇인가?
- 동의할 수 없거나 싫어하는 광고를 봤을 때 여러분은 어떻게 반응하는가?
- 광고를 보고 끌려서 물건을 산 적이 있는가? 그랬다면 그렇게 산 물건이 광고가 말한 내용과 같았나?
- 광고 때문에 하던 일을 방해받거나 짜증난 적이 있는가? 그 이유는 무엇일까?

나도 모르게 머릿속에 새겨진 광고 문구

지금부터 따로 공부하지 않아도 풀 수 있는 퀴즈를 내겠다. 유명한 광고 문구에 대한 지식을 시험하는 퀴즈이다. 아래 표에서 오른쪽에 쓰인 글자를 가리고 여러분에게 익숙한 광고 문구가 얼마나 되는지 세어 보자. 친구나 가족과 함께 풀어 봐도 좋다. 광고가 우리들의 삶에 별다른 영향을 주지 못한다고 말하는 이들이 많지만, 이 퀴즈로 시험해 보면 앞으로 그런 말을 쉽게 할 수 없을 것이다.

광고 문구	회사 또는 제품
1 **Just do it**(그냥 해)	나이키
2 **Think different**(다르게 생각해 봐)	애플
3 **31 flavors**(서른한 가지 맛)	배스킨라빈스 31
4 **I'm lovin' it**(난 이게 좋아)	맥도날드
5 **Eat fresh**(신선한 걸 드세요)	서브웨이
6 **I am your energy**(나는 너의 에너지)	GS칼텍스
7 **Life's good**(인생은 즐거워)	LG전자
8 **New Thinking, New Possibilities** (새로운 생각, 새로운 가능성)	현대자동차

2장

광고는 왜
10대를 노릴까?

옛날에는 광고주가 어린이를 비롯한 10대에게 그다지 관심을 갖지 않았다. 모든 광고와 선전은 어른들을 표적으로 하는 것이었다. 그런데 지금은 사정이 완전히 달라졌다. 광고주는 10대들이 용돈을 갖고 있을 뿐 아니라 부모가 물건을 사는 데에도 큰 영향을 미친다는 것을 깨닫기 시작했다.

10대는 다트판의 과녁처럼 광고주의 중요한 '표적'이 되었고, 많은 광고주들은 제품과 광고를 기획할 때 이들이 관심을 가지는 것이 무엇인지 생각하게 되었다. 어릴 때 어떤 회사 제품을 쓴 사람은 나이가 들어서도 계속 그 회사 제품을 살 가능성이 많다는 연구 결과도 나와 있다. 이것을 '상표 충성도'라고 한다.

광고주는 10대가 자기네 상품을 사도록 설득하는 데 많은 돈을 들인다. 하지만 이 정도의 돈은 이들이 옷이나 과자, 게임, 영화, 전자 제품, 패스트푸드 같은 것을 구매함으로써 결국 그들에게 돌려주는 돈에 비하면 새 발의 피일 뿐이다.

광고주는 아이가 부모를 졸라 물건을 사게 하는 광고를 만들려고 애쓴다. 이것을 광고의 '조르기 효과'라고 한다.

광고주는 또한 아이들이 집안의 꽤 큰 물건을 살 때에도 영향을 미친다는 것을 안다. 자동차 회사에서는 8~14세의 아이들을 '뒷좌석 고객'이라 일컫는데, 아이들이 부모를 대신해서 어떤 차를 살지 결정할 가능성이 높기 때문이다.

요람에서 무덤까지

쇼핑 전문가들은 어렸을 때부터 죽을 때까지 같은 가게에서 정기적으로 물건을 구매하는 고객은 엄청난 가치가 있다는 것을 발견했다. 예를 들어 어떤 고객이 같은 식료품 가게에서 20세부터 80세까지 매주 50달러(우리 돈으로 약 5만 원)씩 소비한다면, 그 고객의 평생 가치는 15만 달러(우리 돈으로 약 1억 5000만 원)가 넘는다. 그래서 광고주들은 이런 평생 고객을 만들기 위해 '요람에서 무덤까지'라는 마케팅 전략을 만들어 내고 있다. '요람'은 아기들을 태우고 흔들어 놀게 하거나 잠재우는 물건이다. 너무 어려서 걷거나 말도 하지 못하는, 그야말로 기저귀 찬 아기들도 마케팅의 표적으로 여긴다는 뜻이다.

광고주는 어떻게 나를 찾아낼까?

광고주는 언제나 자기네 상품을 살 가능성이 가장 높은 이들에게 다가갈 방법을 찾아 왔다. 오늘날 광고주는 여러 가지 선택을 할 수 있게 되었다.

텔레비전과 같은 전통적인 대중 매체의 경우, 광고주는 오랜 경험을 바탕으로 어떤 부류의 사람들이 어떤 프로그램을 좋아하는지 따져 봐서 잠재적인 고객에게 다가간다. 광고주가 지불하는 돈은 프로그램을 제작하는 데 쓰인다. 작가, 감독, 배우, 촬영 기사의 급여도 물론 그 돈으로 지급한다. 다시 말해, 라디오와 텔레비전 방송국이 청량음료·음식·의류 광고주들로부터 받는 돈은 제작진의 월급을 주고 방송 장비와 무대 장치, 특수 효과 등을 마련하는 데 쓰인다. 정부의 지원을 받거나 시청자 기금으로 운영되는 공영 방송국이 있기는 하지만, 대부분의 방송사들은 시청자(바로 여러분!)를 광고주에게 '팔아넘긴다.'

인터넷에서는 라디오나 텔레비전보다 광고주가 고려해야 할 것이 훨씬

내가 이걸 줄 테니, 저 아이를 내게 줘!

적다. 인터넷에서 광고주는 시청자를 찾기 위해 특정 웹사이트만 이용할 필요가 없다. 그 대신 특정한 관심사를 가진 사람들에게 다가가는 데 초점을 맞춘다. 그런 사람들을 어떻게 찾아낼 수 있을까? 그 방법은 아주 간단하다. 바로 '쿠키'라는 것인데, 여기서 쿠키란 초콜릿 칩 쿠키를 말하는 게 아니다.

쿠키는 사람들이 어떤 웹사이트를 방문했을 때 생기는 정보를 담은 파일이다. 웹사이트를 방문할 때마다 그 웹사이트는 수많은 쿠키를 여러분의 컴퓨터에 옮긴다. 그중 일부는 그 웹사이트가 소유한 것이고 검색을 도와준다. 예를 들어, 쿠키는 아이디나 비밀번호 같은 것을 기억하여 사람들이 접속할 때마다 그것을 입력할 필요가 없게 해 준다. 하지만 제3자 쿠키는 사람들이 방문하는 웹사이트를 추적하는 회사가 운영하는 것이다. 제3자 쿠키는 여러 사이트에 광고를 올리는 온라인 광고망에 사람들의 정보를 전달한다. 이들 쿠키는 사람들이 어떤 사이트를 방문하고 얼마나 오래 그 사이트에 머무르며 어떤 키워드를 검색하는지 추적한다.

그러면 이제 무슨 일이 벌어질까? 예를 들어 내 컴퓨터에 온라인 광고망이 심어 놓은 제3자 쿠키가 있는데, 내가 어느 게임 회사에서 낸 최신 게임을 검색하고 그 게임을 판매하는 온라인 쇼핑몰을 방문했다고 하자. 그러고 나서 내가 다른 웹사이트를 방문했는데 조금 전에 검색했던 최신 게임에 관련된 광고물을 보게 될 때가 있다. 그 사이트에 나에 관한 정보를 아무것도 준 적이 없는데도 말이다. 이것이 과연 우연일까?

단지 게임 광고만 보게 되는 것이 아니다. 과자나 자전거, 비디오 게임 콘솔 등 게임 마니아들이 구입하는 상품 광고도 보게 될 것이다. 광고주들은 왜 게임 마니아들이 이러한 상품을 좋아할 것이라고 생각하는 걸까?

그것은 게임을 검색한 사람들이 과자, 자전거, 플레이스테이션 따위를 검색했고, 제3자 쿠키가 그것을 알아냈기 때문이다.

청소년이 쓰는 컴퓨터에는 어른이 쓰는 컴퓨터보다 더 많은 쿠키가 들어와 있다. 한 연구에 따르면, 청소년이 주로 이용하는 웹사이트는 쿠키가 집어삼키기에 가장 좋다고 한다. 청소년이 즐겨 찾는 어떤 사이트는 각 방문자 컴퓨터에 248개나 되는 추적용 쿠키를 심어 놓았다고 한다!

제3자 쿠키를 막는다 하더라도(가장 많이 쓰는 웹 브라우저의 환경 설정에서 쿠키를 차단하도록 설정할 수 있다.) 온라인 광고주는 갖은 방법을 써서 인터넷 이용자를 추적한다. 예를 들어 구글에서 '티셔츠'라는 낱말을 검색하면, 이 낱말과 연관된 광고가 검색 결과와 함께 나타난다. 그리고 페이스북의 팬 페이지에서 '좋아요'를 클릭하거나 여러분의 관심사, 나이, 성별을 등록하면, 이 사이트는 여러분 같은 소비자한테 다가가려는 광고주에게 광고 공간을 판매한다.

이런 광고가 반드시 나쁜 것만은 아니다. 웹 브라우저에 광고 차단 프로그램을 설치해 놓지 않는 한 우리는 인터넷에서 무엇을 검색하든 광고를 보게 될 테고, 관심 없는 상품보다는 관심 있는 상품의 광고를 보는 것이 때로는 기분 좋은 일이 될 수도 있다. 하지만 여러분이 광고의 표적이라는 것, 그리고 여러분이 인터넷에서 등록한 정보가 광고주에게 좋은 실마리를 제공한다는 것을 반드시 알아 두자.

나를 따라다니는 온라인 광고

온라인상에서 우리가 하는 활동이 우리가 보는 광고에 어떤 영향을 미치는지 한번 실험해 보자. 페이스북에서 여러분의 나이를 60세나 70세로 바꾸고, 평소에는 찾아보지 않는 것(예를 들어 '치주염'이나 '고전 음악' 따위)을 검색해 본다. 그러면 다음번에 검색을 했을 때 평소와는 다른 광고가 따라 나오는 것을 보게 될 것이다.

광고주를 끌어모으는 광고

대중 매체에서 광고주를 끌어모으는 데 이용하는 광고를 살펴보면, 이들 기업이 광고주에게 판매하는 것이 무엇인지 분명히 알 수 있다. 한 스포츠 텔레비전 방송국은 잠재 광고주에게 광고 시간대를 선전하며 "우리는 남성 시청자들을 넘겨 드립니다."라고 약속했다. 다시 말하면 이 스포츠 방송국이 광고주에게 판매하는 상품은 남성 스포츠 팬들이다. 페이스북은 광고주에게 '8억 명 이상의 잠재 고객에게 접근'할 수 있으며, '지역, 나이, 관심사'에 따라 고객을 '선택'할 수 있다고 선전한다.

패스트푸드, 안 먹고는 못 배길걸

패스트푸드 광고주들이 광고에 주로 사용하는 기법은 밝은색, 재미있는 인물, 영화 소재, 장난감 같은 것이다. 그런데 생각해 보면, 그 모든 것이 아이들의 관심을 끌려는 것임을 분명히 알 수 있다. 인터넷에서 패스트푸드 체인점은 게임과 가상 현실을 이용하여 두 살짜리 어린아이까지 표적으로 삼는다. 어떤 기업은 스마트폰 애플리케이션으로 아이들을 끊임없이 추적하여 여러분이 음식점 앞을 지나갈 때면 광고 문구를 전송하기도 한다. 그런 광고는 대부분 청량음료, 프렌치 프라이, 설탕을 입힌 시리얼처럼 의사들이 먹지 말라고 경고하는 정크푸드(열량은 높지만 영양가는 낮은 인스턴트 식품을 뜻한다.)를 선전하기 위한 것이다. 물론 아이들이 정크푸드를 많이 먹는 게 광고 때문이라고만은 할 수 없지만, 패스트푸드 광고가 큰 영향을 미친다는 것은 누구라도 알 수 있는 사실이다.

미국과 캐나다의 아이들은 해마다 1만 개의 음식 광고와 1500개의 패스트푸드 광고를 시청한다.

미국에 사는 2~11세 어린이 중 40%는 적어도 일주일에 한 번 이상 부모에게 맥도날드에 가자고 조른다.

2009년에 미국과 캐나다의 패스트푸드 산업은 마케팅과 광고 비용으로 42억 달러(우리 돈으로 약 4조 2000억 원)를 썼다.

미국과 캐나다의 어린이 세 명 중 한 명은 과체중이거나 비만이다.

미국에서 맥도날드 웹사이트에 매달 접속하는 2~11세 어린이는 34만 5000명이다. 또 그 사이트에 매달 접속하는 12~17세 청소년은 29만 4000명이다.

미국과 캐나다의 패스트푸드 광고는 2003년에 비해 2010년에 34% 늘어났다.

네가 아니라 네 돈을 위해서

광고주는 아이들이 용돈을 쓰게 하기 위해 무수 말을 해야 하는지 연구한다. 광고주는 어른들이 용납하지 않는 어떤 행위가 아이들에게는 더 솔깃하게 들린다는 것을 알고 있다. 예를 들면, 밤늦게 자거나 채소 대신 정크푸드를 먹는 것 말이다.

광고주는 아이들이 부모님이나 선생님한테 끊임없이 잔소리를 듣는다는 것도 안다. 그래서 많은 광고주들이 어른의 말에 따르지 않고 제 뜻대로 하는 아이를 보여 주는 광고를 만든다. 광고주는 아이들이 광고주를 가까운 친구처럼 느끼게 만들고, 자기네가 아이들과 같은 생각과 느낌을 가지고 있다는 인상을 심어 주려고 한다. 하지만 광고가 아무리 멋지고, 재미있고, 공감을 나누고, 아이들이 바라는 것에 마음을 쓰는 것처럼 보여도, 광고주가 염두에 두는 것은 아이들의 돈이라는 사실을 잊지 말아야 한다.

광고는 어디에나 있다!

지난 몇 년간 광고는 사람들의 눈길을 끌기가 점점 더 어려워지고 있다. 그래서 광고주는 어디에 광고를 해야 사람들의 눈길을 끌 수 있을지 늘 고민하고 있다. 그 결과 텔레비전이나 영화에 간접 광고가 등장하게 되었다.

광고주는 곧잘 웹사이트에 '팝업' 광고를 띄우는데, 이 광고는 브라우저 윈도를 닫더라도 또 다른 창에 나타나게 되어 있다.

어떤 광고주는 공중화장실에 광고를 하는데, 이때 사람들은 광고를 안 보고 싶어도 안 볼 수가 없다. 이것을 광고 용어로 '포박된 수용자'라고 한다. 다시 말하면 '사로잡힌 관중'이라는 뜻이다.

광고를 해 주는 학교

우리는 흔히 학생들이 상업 광고에 둘러싸이지 않고 학습에만 전념할 수 있는 유일한 곳이 학교라고 생각한다. 하지만 어떤 광고주는 화장실이나 영화관과 마찬가지로 학교를 학생들이 '사로잡힌 관중'이 될 수 있는 곳으로 생각한다.

실제로 많은 학교가 광고주에게 재정 지원을 받는 대신에 학교 시설에 광고주의 상품을 광고하게 해 주고 있다. 예를 들어 한 음료수 회사가 학교에 돈과 함께 자동판매기를 제공하면, 학교는 그 회사에 음료수를 팔 수 있는 '독점권'을 준다. 그렇게 되면 다른 회사의 음료수는 그 학교에서 판매할 수가 없다. 재정이 어려운 학교들이 기업체로부터 돈을 받고 체육관, 강당, 식당, 학교 버스, 심지어 사물함까지도 광고할 수 있는 공간으로 내어 주는 일이 많이 일어나고 있다.

골라 먹는 재미가 없다?

학교 운동부 유니폼에 기업체 로고를 넣고, 교과서를 광고 문구로 포장하고, 학교 식당의 메뉴를 영화 캐릭터의 이름으로 하는 대가로 학교가 돈을 받아 컴퓨터와 운동용품, 음악과 미술 프로그램 같은 데에 쓴다면 학생들에게 어떤 영향을 미치게 될까?

과연 학교가 특정 기업에 독점권을 주는 것이 옳을까, 또는 학생들한테 여러 제품 중에서 자신이 좋아하는 것을 선택할 권리를 주는 것이 옳을까? 아니면 학교만이라도 광고 없는 공간이 되어야 할까?

학교 광고가 벌이는 놀랍고 오싹한 순간

1920년대
칫솔 회사 직원이 교실에 들어와 학생들에게 '칫솔질 교육'을 했다.

1998년 미국 조지아 주에 사는 한 고등학생이 펩시콜라 티셔츠를 입었다는 이유로 학교에서 정학을 당했다. 이 학교가 코카콜라와 독점 계약을 맺고 있었기 때문이다.

2013년
재정이 어려운 학교는 학생들의 사물함조차 가장 비싼 값을 치르는 광고자에게 판매한다.

2060년
미래의 학교, '코카콜라 고등학교'에 온 것을 환영합니다.

교육적인 뉴스일까, 상업적인 광고일까?

미국에서는 약 8000개의 학교가 '채널 원 Channel One'을 시청한다. 채널 원은 상업 방송으로 매일 중고생들을 대상으로 하는 시사 뉴스 프로그램을 제작하고, 이 프로그램을 학생들에게 보여 주기 위해 학교에 텔레비전과 DVD 플레이어를 무료로 제공 하고 있다. 그런데 채널 원은 이 많은 비용을 어떻게 감당할까? 그건 말할 것도 없이 광고를 통해서이다. 채널 원을 시청하는 학교는 학생들이 광고를 시청하도록 하고, 광고를 건너뛰지 못하게 하며, 볼륨을 높여 두게 한다.

이 프로그램은 1990년대 초에 시작되었는데 여전히 열띤 논쟁거리가 되고 있다. 그 논쟁을 정리하면 오른쪽 표와 같다.

채널 원 방송국의 생각	교육자들의 생각
아이들은 책에 적힌 글자보다는 움직이는 이미지에 더욱 흥미를 느끼기 때문에 텔레비전은 시사 문제를 가르치기에 좋은 수단이다.	채널 원에서 다루는 뉴스는 지나치게 짧아서 아이들에게 어떤 것을 가르치기에는 알맞지 않다. 뉴스 내용도 학생들이 알아야 하는 것과는 거리가 멀다.
아이들을 위해 특별히 제작된 뉴스 프로그램은 아이들이 시사 문제를 좀 더 쉽게 이해하고 시사에 관심을 갖게 만들 수 있다.	연구 결과에 따르면 학생들의 시사 지식은 향상되지 않았고, 채널 원의 뉴스를 보고 난 24시간 후 대부분의 학생은 뉴스의 내용이나 그 중요성을 기억하지 못했다.(하지만 광고는 기억했다!)
자금이 부족한 학교에 광고주가 비품(텔레비전과 DVD 플레이어)을 기부하기 때문에 모두에게 이롭다.	학교는 정부의 재정 지원을 받고, 그 비용은 전 국민의 세금으로 충당된다. 그러므로 학생들이 채널 원을 시청하는 시간에 대한 비용은 전 국민의 부담이 된다. 그 채널을 보는 동안 학생들은 유용한 것을 배우지 못하기 때문이다.
교사와 학생들은 이 비품을 다른 텔레비전 프로그램을 보거나 비디오를 시청할 때 사용할 수 있다.	빈곤 지역의 학교들이 채널 원과 계약하는 경우가 많기 때문에, 이런 빈곤 지역 학생들은 다른 아이들보다 광고에 더 많이 노출된다.
아이들은 어디에서나 광고에 노출되어 있는데, 학교에서 광고를 본다고 해서 큰 차이가 있겠는가?	아이들은 이미 학교 밖에서도 광고에 파묻혀 산다. 그러므로 아이들이 공부에 전념할 수 있도록 학교만이라도 광고 없는 구역이 되어야 한다.

나는 광고에 영향받지 않아!

많은 사람들은 자신이 광고에 설득당하지 않는다고 하면서도 광고가 다른 이들에게는 영향을 미친다고 생각한다.

한 가지 확실한 사실은 광고가 사람들에게 먹힐 때도 있고 먹히지 않을 때도 있다는 것이다. 그리고 어떤 광고에 누구나 똑같이 영향을 받는 것도 아니다. 하고 싶은 것, 특정 주제에 대해 느끼는 것, 자신에게 중요한 것 등이 어떤 광고가 누군가의 마음을 움직여 그 상품을 사고 싶게 만드는지 아닌지에 영향을 미친다.

하지만 어린이와 청소년은 광고에 영향을 받을 가능성이 높다. 텔레비전을 자주 볼수록 광고에 나오는 과자나 음료수를 더 자주 더 많이 먹게

된다는 것은 그리 놀랄 일도 아니다. 앞에서 쿠키에 대해 설명한 것처럼, 청소년은 온라인에서도 광고의 가장 주요한 표적이 되고 있다.

왜 그런지 이해가 될 것이다. 광고가 먹히지 않는다면 기업들이 왜 광고하는 데 돈을 쓰겠는가?

광고주를 대신해 입에서 입으로

광고주는 10대를 비롯한 젊은이들을 사로잡으려고 입소문 광고에 공을 들인다. 그들은 오랜 경험으로 여러분이 어떤 상품을 좋아하게 되면 다른 친구들에게도 말할 거라는 것을 잘 알고 있다. 그래서 여러분이 어떤 영화를 보거나 신발을 사면 친구들한테도 따라 하도록 설득할 거라는 것도 잘 안다. 페이스북 광고도 바로 이런 점을 노린다. 광고주는 여러분의 친구들 중 누가 자기네 상품을 '좋아요' 하는지 보여 주는 표적 광고를 만든다. 광고주는 여러분이 광고를 대신해 주기를 바란다.

물론 이러한 접근 방법이 언제나 통하는 것은 아니다. 10대들이 모두 똑같이 생각하는 것은 아니니까 말이다. 여러분의 친구들은 좋아하는 음악이나 비디오 게임이 저마다 다를 것이고, 입고 다니는 청바지 상표도 서로 다를 것이다. 그럼에도 여러분과 친구들이 공통으로 좋아하는 것도 많을 것이다. 여러분이 좋아하는 것을 친구들에게 추천할 때 광고주는 이득을 보게 된다.

광고에 대한 반응, 나이에 따라 다르다

심리학자들의 연구 결과는 다음과 같다.

6세 미만
- 텔레비전이 보여 주는 것이 진짜라고 믿는다.
- 신뢰하는 광고에 더욱 주의를 기울인다.
- 광고가 방송 프로그램보다 방영 시간이 짧다는 것 말고는 대개 광고와 프로그램의 차이점을 잘 모른다.
- 온라인 게임과 가상 세계에서의 마케팅 메시지를 알아채지 못한다.

6~9세
- 광고를 주의 깊게 본다.
- 광고와 방송 프로그램의 차이를 안다.
- 광고의 목적이 설득이라는 것을 깨닫기 시작한다.
- 온라인 메시지나 웹사이트 전체가 실제로는 광고라는 것을 인식하지 못하는 경우도 있다.

10~14세
- 광고에 관심을 덜 가진다.
- 방송 프로그램과는 달리 광고의 의도가 설득이라는 것을 잘 알고 있다.
- 광고에 사용된 설득 기법을 찾아내고, 대체로 그것에 대해 설명할 수 있다.
- 무의식적 감정의 반응을 일으키는 디지털 마케팅에는 자기보다 어린 나이의 아이들보다 취약하다.
- 온라인이나 휴대 전화를 통한 광고 메시지에 반응할 때 그들의 정보가 어떻게 이용되는지 인식하지 못하는 경우가 많다.

마스코트 수집광으로 만드는 캐릭터 광고

광고주가 아이들을 귀중한 소비자로 여기는 건 더 이상 입증할 필요가 없을 것이다. 수많은 기업들이 자기네 상품을 광고하기 위해 장난감 같은 마스코트를 만들어 대는 걸 보면 말이다. 그런 마스코트는 말할 것도 없이 어린이를 염두에 두고 만들어진다. 미국 스낵 회사 프리토레이의 치토스 제품을 선전하는 캐릭터 치타 체스터나 미국 시리얼 제조업체 켈로그사의 캐릭터 호랑이 토니는 광고를 훨씬 잘 기억하게 만든다.

어린이들이 친밀하게 느끼는 인기 만화나 텔레비전 프로그램의 등장인물과 특정 브랜드를 연결시키는 건 더욱 흔한 일이 되었다. 예를 들어 맥도날드의 해피밀은 '슈렉'을 등장시켰고, 〈세서미 스트리트〉(미국에서 방송된 어린이를 위한 텔레비전 교육 프로그램)의 인물들은 시리얼부터 물병, 아이패드 케이스에 이르기까지 헤아릴 수 없이 많은 상품에 등장한다.

광고주가 여기서 얻는 이득은 무엇일까? 최근의 한 연구에 따르면, 식

품 자체에는 아무 변화가 없어도 어린이들은 어떤 식품의 캐릭터로 자기가 좋아하는 인물이 나오면 그 식품을 더 맛있게 여긴다고 한다.

상품명이나 겉 포장에 마스코트나 만화 속 등장인물이 있든 없든 내용물은 똑같다. 기업은 다만 자기네 상품을 소비자들이 만화 속 인물처럼 재미있거나 멋지거나 신나는 것으로 생각하기를 바라기 때문에 그런 방법을 쓴다.

낱말은 다르게, 효과는 백배!

어린이들에게 장난감을 광고하는 데 가장 흔하게 사용되는 낱말을 보면 성별의 구분은 무시하기 힘들다.

남자아이들을 겨냥한 광고에
흔히 등장하는 낱말
전투
힘
영웅
극한
액션

여자아이들을 겨냥한 광고에
흔히 등장하는 낱말
사랑
재미
마술
아기
우정

남자아이와 여자아이를 설득하는 방식은 달라

예전에 텔레비전 프로그램 제작자는, 여자들은 남자들이 주로 시청하는 프로그램도 가리지 않고 보지만, 남자들은 등장인물로 여자가 많이 나오거나 여성 시청자를 겨냥하여 만든 프로그램은 보지 않는다고 생각했다. 이 같은 사고방식은 프로그램 유형에 커다란 영향을 미쳤다. 그 때문에 〈벅스 버니〉, 〈톰과 제리〉, 〈마이티 마우스〉, 〈로드 러너〉 같은 초창기 텔레비전 만화 영화에는 여성 캐릭터가 별로 안 나왔다.

그런데 최근에는 이 같은 접근 방식에 변화가 생기기 시작했다. 시청자들이 점차 등장인물의 성별에 관계없이 프로그램을 즐기고 있기 때문이다. 요즘 텔레비전 프로그램과 영화에는 남자처럼 다른 사람의 엉덩이를 걷어차는 여자를 비롯해 다양한 유형의 여성이 등장인물로 나온다.

하지만 장난감과 게임 광고 같은 경우는 또 다르다. 이런 광고는 여전히 남자와 여자가 완전히 다른 행성에서 온 이들로 보이게 만든다.

★ **3**장 ★

팔릴 때까지
두드려라!

'낙오자가 되지 말라.' 라는 광고 문구를 본 적이 있을 것이다. 또 '이걸 사면 당신은 멋쟁이로 탈바꿈한다.'라는 광고 문구를 본 적도 있을 것이다.

이런 문구는 광고 제작자들이 늘 사용하는 수많은 기법 중 하나일 뿐이다. 이 장에서는 작가, 감독, 배우, 촬영 기사, 촬영용 음식 요리사, 그래픽 디자이너, 특수 효과 담당자들이 상업 광고를 '만들어 가는' 방법을 살펴볼 것이다. 어쩌면 여러분은 이 장에서 실생활에서 쓸 수 있는 설득 기법 몇 가지를 터득할 수 있을지도 모른다.

의사소통에 주의를 기울여라

사람들은 날마다 남들과 의사소통을 하지만 그 과정을 깊이 생각해 보지는 않는다. 하지만 광고 제작자는 의사소통이 이루어지는 방법을 두고 늘 많은 생각을 한다. 또 광고가 효과를 낼 수 있도록 끊임없이 새로운 전략을 세운다. 이들은 시장 조사를 하고, 소비자 여론 조사를 한다. 소비자들이 기억하는 광고가 무엇인지, 지난 한 달간 소비자들은 어떤 상품을 구매했는지, 그리고 왜 구매했는지 따위를 묻는다. 또 디지털 광고를 만들기 위해, 소비자들이 어떤 광고를 클릭했고 어떤 것이 구매로 이어졌는지도 추적한다.

광고 제작자들은 번거롭게 왜 이런 일을 할까? 그건 단순해 보이는 의사소통 행위가 때로는 무척 까다로운 문제가 될 수도 있기 때문이다. 우리

가 엄마에게 말을 하거나 친구에게 문자를 보낼 때 뜻하지 않은 실수를 저지르는 것처럼 광고도 실수할 수 있으니까 말이다.

앞쪽 그림을 보면 하나는 보낸 문자이고, 또 하나는 받은 문자이다. 그런데 이처럼 같은 문자가 서로 다른 두 버전으로 해석되는 일이 있다. 그것은 내가 말하거나 쓴 내용이 상대방에게는 다르게 들리거나 읽힐 수 있기 때문이다.

'소음'은 메시지가 제대로 전달되거나 수신되지 못하게 방해하는 요소이다. 소음에는 벌초기나 사이렌 소리처럼 실제 소음도 있지만, 또 잃어버린 애완견을 걱정하느라 수업에 집중하지 못하거나 자신이 응원하는 팀이 이기고 있을 때 너무 흥분해서 남이 하는 말이 들리지 않게 되는 '정서적 소음'도 있다.

광고에서는 사람들의 주의를 다른 데로 돌리는 것은 무엇이든 소음으로 여긴다. 패스트푸드 식당이 어린이를 대상으로 하는 광고 방송을 하면서 배경 음악으로 옛날 음악을 사용한다면 아이들은 광고에 이끌리기 어렵다. 또 어떤 항공사가 웹사이트에 유럽 여행을 홍보하는 광고 문구를 띄우고 있는데, 마침 이 사이트에서 200여 명의 목숨을 앗아 간 비행기 사고를 주요 기사로 다루고 있다고 가정해 보자. 이 사이트 독자들은 너무도 끔찍한 기사 때문에 항공사 광고를 주목하지 않거나, 광고를 보더라도 비행기 사고 기사 때문에 여행을 가고 싶은 생각이 들지 않을 것이다.

광고 효과, 단박에 알 수 있는 법

우리가 페이스북 계정을 갖고 있고 어느 상점에서 멤버십 카드(포인트를 얻거나 할인을 받기 위해 쓰는 카드)를 사용했다면 광고주는 어떤 광고가 효과가 있었는지 정확히 알 수 있다. 어떻게 알 수 있을까? 내가 만약 페이스북에서 '보송보송'이라는 브랜드의 목욕 세제 광고를 보고 마트에 가서 보송보송 목욕 세제를 사면서 할인받기 위해 마트 카드로 결제한다고 가정해 보자. 페이스북은 내 이메일 주소나 전화번호 같은 개인 정보란에 있는 정보를 마트가 가진 내 구매 정보와 연결시킨다. 이렇게 해서 페이스북은 페이스북에서 보송보송 목욕 세제 광고를 본 이들 중 그 상품을 구매한 사람들이 얼마나 되는지를 보송보송 제조사에 알려 줄 수 있다.

배너의 허점

대부분의 사람들은 가장 마지막으로 본 온라인 광고조차 기억하지 못한다. 실제로, 최근의 한 연구 결과는 인터넷 광고가 우리의 두뇌에 저장되지 않는다는 것을 보여 주었다. 우리의 눈은 광고 언저리를 그저 훑고 지나갈 뿐이라는 것이다. 이러한 현상을 '배너맹banner blindness'이라고 한다. 우리는 심지어 크고 알록달록하며 번쩍이는 광고까지도 눈여겨보지 않는다. 그래서 온라인 광고를 제작하는 이들은 교묘한 방법으로 광고를 위장하거나 사람들이 시선을 둘 수밖에 없도록 만든다. 그래서 웹사이트를 보다 보면 불쑥불쑥 올라오는 팝업 광고가 시야를 방해하거나 클릭하려는 링크를 가리는 경우를 겪는다. 이것은 웹 광고주가 사람들의 관심을 끌려고 얼마나 열심히 노력하는지를 보여 주는 것이다.

산을 정복하라, 팔릴 때까지!

광고주는 산처럼 막아서서 자신들의 메시지가 사람들에게 다가가는 것을 방해하는 온갖 소음을 날카롭게 꿰뚫고 있다. 어떤 면에서 광고주가 하는 일이란 이런 산을 정복하는 것과 같다. 다시 말해 사람들의 주의를 흐트러뜨리는 소음을 물리치고 그들의 눈과 귀와 지갑을 열게 하려고 끊임없이 노력하는 것이다. 오른쪽 만화가 그 과정을 잘 보여 준다.

광고주가 우리로 하여금 상품에 빠져들게 만들었다면, 그다음 할 일은 우리가 상품을 찾아서 사게 만드는 것이다! 그래서 마케팅 담당자는 사람들이 상품에 쉽게 다가갈 수 있는 방법을 골똘히 연구한다. 대규모 기업들은 주로 가맹점에 돈을 지불하고 자기네 상품을 통로의 가장 좋은 자리나 사람들의 눈높이에 맞춰 놓아두어 소비자가 쉽게 그 상품을 발견하도록 한다.

디지털 광고는 상품을 사고자 하는 소비자의 욕망을 가장 빠르게 구매로 이끈다. 사람들은 컴퓨터나 스마트폰에서 광고를 클릭하는 것만으로 물건을 주문할 수 있다. 또 어떤 웹사이트는 사람들의 개인 정보를 저장해 두어 소비자들이 망설일 틈 없이 손쉽게 구매를 마치도록 만들기도 한다. 어떤 기업은 사람들이 음식점이나 편의점을 지나갈 때 머뭇거리지 않고 곧장 들어가게 만들려고 쿠폰을 고객의 전화기로 보내 주기도 한다. 기술이 나날이 진화하면서, 광고 회사가 사람들이 상품을 '원하기만 하면' 그 자리에서 사들이도록 만드는 일은 더 쉬워지고 있다.

광고가 소비자를 사로잡는 단계

1단계
소비자의 관심을 끈다.이것은 수풀 사이로 등산로를 발견하게 하는 것과 같다.

2단계
메시지를 전달하기에 충분할 만큼 소비자의 관심을 붙들어 놓는다.

3단계
상품이 정말로 훌륭하다는 것을 소비자에게 납득시킨다.

4단계
자신들이 선전하는 상품이나 서비스를 소비자가 원하게 만든다.

정형화된 인물 유형을 이용하라

광고 제작자가 상품 메시지를 대중에게 전달할 수 있는 시간은 그리 많지 않다. 대부분의 텔레비전 광고는 30초 동안 이어지고, 어떤 것은 그 절반 정도의 시간만 주어진다. 웹에서 볼 수 있는 광고는 비디오가 시작되기 전 10초의 시간만 주어진다. 어떤 웹에서는 이용자가 10초짜리 광고에도 참을성을 잃고 그 사이트를 닫아 버릴까 봐 광고를 건너뛸 수 있게 설정해 놓기도 한다. 광고 제작자는 그토록 짧은 시간에 광고하고자 하는 상품에 관하여 소음을 넘어서는 재미있는 이야기로 어떻게 웹 이용자에게 다가갈까 고민한다.

광고 제작자가 쓰는 한 가지 전략은 정형화된 인물 유형을 이용하는 것이다. 광고 제작자는 사람들이 어떤 인물의 모습을 보고서 그들의 행동을 예측한다는 것을 알고 있으니까.

정형화된 인물 유형은 광고 제작자로서는 일하기에 편리하지만 사람들이 특정 집단에 대해 갖고 있는 그릇되고 부정적인 이미지를 강화하기 때문에 나쁜 영향을 줄 수 있다. 오랫동안 여성들은 자신들이 광고에서 호기심의 대상이 되거나 요리, 청소, 쇼핑과 같은 제한된 역할만 하는 존재로 묘사되는 것을 불만스러워했다. 이와 마찬가지로 남성들도 자신들이 요리를 못하는 존재로 묘사되는 것에 불평을 해 왔다.

예전에는 미국이나 유럽의 광고에서 유색 인종이나 장애인을 보기 힘들었다. 그런데 광고 제작자가 소수 집단의 구매력을 인식하면서 이런 정형화된 광고 방식에도 변화가 생기고 있다. 예를 들어 맥도날드는 흑인, 히스패닉계(에스파냐어를 쓰는 라틴아메리카 계통의 미국 이주민과 그 후손), 아시아인을 광고에 자주 등장시키고, 이들의 의견에 따라 광고 메시지를 기획하기도 한다. 하지만 아직도 많은 광고 제작자들이 광고에서 소수 집단에게 보잘것없는 역할만 주고 있다. 그들은 일반 시장을 대상으로 할 때는 주로 백인이 등장하는 광고를 만들고, 소수 집단을 겨냥할 때는 흑인이나 히스패닉계, 또는 아시아인을 등장시키는 광고를 따로 만든다.

어떤 광고는 기존의 편견을 강화하는 방식으로 소수 인종을 묘사하기도 한다. 비디오 게임 광고에 관한 한 연구에 따르면, 광고가 흑인을 폭력적이고 위험한 인물로 묘사하고 아시아인은 항상 무술을 하는 것으로 묘사한다는 것이다. 이런 광고는 모두에게 좋지 않다. 잠재 고객을 모욕하는 광고는, 그러한 묘사가 우연이라 할지라도 긴 안목으로 보면 상품 판매에 성공하기 어렵다.

적응하지 못하면 살아남지 못한다

공룡은 빠르게 변화하는 환경에 적응하지 못해 멸종되었다. 예전부터 광고 제작자들도 공룡의 실수를 되풀이하지 않기 위해 노력해 왔다. 새로운 매체가 나타날 때마다 광고 제작자는 그 매체가 상품 홍보에 이용될 수 있는 가장 좋은 방법을 용케도 찾아냈다.

라디오가 발명되었을 때 광고 제작자는 청취자들이 광고 문구를 오래도록 기억하게 만드는 '시엠송'이라는 것을 만들었다. 텔레비전이 나왔을 때는 움직이는 영상과 함께 상품을 광고하면서 광고 속 상품이 주는 혜택을 보여 주었다. 최근에는 광고 제작자가 쉴 새 없이 빠르게 진화하는 디지털 기술에 적응해야 한다. 때로는 광고 제작자가 광고를 전달하는 새로운 기술을 개발하기도 한다. 물론 새로운 기술을 따라잡느라 고생하는 경우도 있지만 말이다.

광고 건너뛰기와 빨리 감기, 고발당하다

지난 10년간 미국의 주요 방송사들은 광고를 건너뛰게 만드는 기기 제조사와 위성 방송사를 고발하곤 했다. 광고 건너뛰기를 옹호하는 사람들은 리모컨이 발명된 뒤로 소비자들이 광고를 비켜 가거나 빨리 감기를 해 왔으며, 광고 건너뛰기는 소비자가 원하는 것이라고 주장한다. 한편 방송국은 광고 수익이 사라지면 엄청난 제작비를 감당할 수 없다고 주장한다. 어느 쪽 손을 들어 주어야 할까? 지상파 방송사들이 훌륭한 프로그램을 제작할 수 없다 하더라도 텔레비전에 광고가 나오지 않는 편이 나을까?

광고, 텔레비전 시청 방식에 적응해 오다

텔레비전이 처음 발명되었을 때에는 리모컨이 없었다. 채널을 바꾸려면 시청자가 자리에서 일어나 텔레비전 앞으로 걸어가서 다이얼을 돌려야 했다.

리모컨은 시청자가 앉은 자리에서 채널을 바꿀 수 있게 해 준다. 광고주는 광고 시작 몇 초 만에 시청자의 주목을 끌어 시청자가 채널을 바꾸지 않고 광고를 끝까지 보고 싶게 만들어야 한다.

오늘날, 디지털 비디오 레코더를 갖고 있는 시청자와 일부 위성 방송은 광고를 완전히 건너뛸 수 있다. 이 때문에 광고주는 광고 시간대 말고도 프로그램 안에서 간접 광고를 한다.

대사 없는 광고가 문화 차이를 넘는다

음소거 버튼이 리모컨에 추가되면서 일부 텔레비전 광고 제작자들은 대사 없이 영상만 나오는 광고를 만들기도 한다. 오늘날 대사 없이 메시지를 전달하는 광고를 자주 볼 수 있다. 예를 들면, 오랫동안 방영된 북극곰과 펭귄이 등장하는 코카콜라 광고 같은 것이다.

수많은 기업이 상품을 전 세계에 판매하고 있기 때문에 하나의 언어나 문화로부터 나온 광고보다는 다른 언어나 문화로 번역될 필요가 없는 광고가 도움이 된다. 광고에서 번역은 꽤 까다로운 작업인데, 한쪽에서는 재미있고 재치 있는 이미지나 광고 문구가 다른 쪽에서는 문화적인 차이로 이해되지 않을 수도 있기 때문이다. 그리고 인간의 두뇌가 광고에 반응하는 방식을 연구하는 이들에 따르면, 그림과 음악으로만 이루어진 광고가 언어를 포함한 광고보다 감정에 더 잘 호소한다고 한다.

언어 선택은 신중하게!

그림과 음악으로만 이루어진 광고가 언어를 포함한 광고보다 감정에 더 잘 호소한다고 하지만, 언어는 여전히 매우 큰 설득력을 지닌다. 텔레비전 광고를 비롯해 여러 종류의 광고에서 사용되는 언어는 매우 주의깊게 선택된 것이다. 심지어 낱말 하나 때문에 효과 있는 광고가 될 수도 있고 그렇지 못한 광고가 될 수도 있다.

낱말은 특히 웹 광고에서 매우 중요하다. 사람들이 검색 엔진에 자신들이 찾는 낱말을 입력하기 때문이다. 기업은 사람들이 가장 많이 찾는 낱말이나 글귀를 예측해야 하고, 검색과 함께 광고가 튀어나오도록 광고를 디자인해야 한다. 최근 본 광고 중에 다음 낱말을 포함하는 광고가 있었는지 기억을 더듬어 보자.

새로운
(New)

훌륭한
(Amazing)

편안한
(Easy)

빠른
(Quick)

지금
(Now)

보증된
(Guaranteed)

사랑
(Love)

검증된
(Proven)

자유로운
(Free)

결과
(Results)

중요한
(Important)

한 연구 결과에 따르면, 이런 낱말이 등장하는 광고는 사람들의 눈길을 끌고 상품을 판매하는 데 효과가 있다고 한다.

시청자는 곧 소비자

텔레비전 드라마를 보다가 우리는 이따금 주인공이 입고 있는 청바지나 쓰고 있는 선글라스가 멋지다고 느껴 내가 한번 입거나 쓰면 어떨까 하는 생각을 해 보았을 것이다. 이제 클릭 몇 번이면 드라마를 보면서 곧바로 청바지나 선글라스를 가질 수 있다. 텔레비전과 영화에 나오는 옷이나 가구를 비롯한 수많은 상품을 검색하고 살 수 있도록 링크를 제공해 주는 웹사이트와 애플리케이션이 꽤 많다. 앞으로는 광고나 텔레비전 프로그램에 나오는 상품을 리모컨이나 스마트폰을 이용해서 살 수 있는 T-커머스television commerce에 관한 이야기도 흔히 듣게 될 것이다. 이런 현상이 앞으로 어떻게 전개될지 흥미롭게 지켜볼 필요가 있다.

언어에 마술을 부려라, 얍!

'**만**병통치약'이니 '기적의 치료제'니 하는 의약품 광고가 유행하던 광고 초기부터 일부 광고 제작자들은 사람들을 속이는 언어를 사용해 왔다. 다음에 소개하는 갖가지 방법으로 말이다.

허풍 떠는 광고

동네 편의점에서 흔히 살 수 있는 음료에 '대형large'이란 말 대신 '거대한giant', '초대형mega', '점보jumbo', 또는 '최대max'란 말이 쓰여 있는 것을 볼 수 있다. 커피 전문점 중에는 '소형small' 음료를 주문할 수 없는 곳도 있다. 가장 작은 크기는 '보통regular', '중간medium', 심지어 '길이가 긴tall'으로 불리기 때문이다. 이런 낱말을 사용하면 실제 크기보다 더 크고 많이 갖는다는 느낌을 주기 때문일까?

지난 몇 년 동안 몇몇 패스트푸드 체인점은 자기네 메뉴가 건강에 해롭지 않은 것처럼 보이게 하려고 '대형' 같은 말을 줄이고 있다. 2006년에 웬디스는 '큰Biggie'이라는 이름을 단 프렌치프라이와 음료의 판매를 중단했다. 이런 음식이 건강에 해롭고 비만을 가져온다는 주장이 나왔기 때문이다. 하지만 웬디스는 상품의 실제 크기는 바꾸지 않고 이름만 좀 더 중립적인 뜻을 가진 것으로 바꿨다.

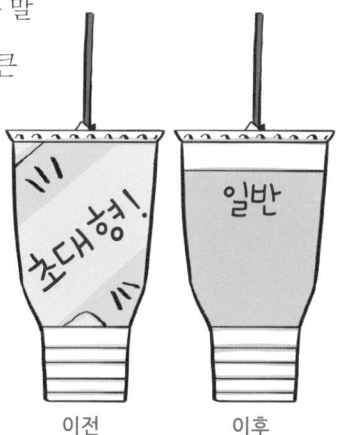

이전　　　　이후

소비자를 잘못된 길로 이끄는 광고

유명한 진통제 제조 회사들은 한때 광고에서 어떤 진통제도 이보다 더 강력하고 효과적일 수 없다고들 선전했다. 하지만 연구 결과, 여러 회사에서 만들어지는 모든 진통제가 똑같은 효과를 갖고 있다는 것이 입증되었다. 이들 광고가 모두 다 거짓은 아니지만, 광고에 나오는 그 진통제가 다른 진통제보다 낫다는 잘못된 인상을 소비자에게 심어 주었다.

수치 놀음 광고

'지방 75% 제거'라고 광고하는 간식거리가 있다고 하자. 왠지 해롭지 않은 간식으로 여겨질 것이다. 그런데 똑같은 상품이지만 '지방 25% 함유'라고 써 놓았다면 어떨까? 이건 건강에 별로 좋아 보이지 않을 것이다.

광고에는 '도움이 됩니다', '할 수 있습니다', '흔히', '……의 일부' 같은 분명하지 않은 말이 자주 보인다. 이런 말은 광고가 약속하는 내용을 꾸미는 말인데, 오히려 그런 약속을 흐리터분하게 만든다.

'체중 감소에 도움이 됩니다.' 또는 '치아 부식을 방지할 수 있습니다.' 같은 표현은 처음에는 좋은 말로 들리지만, 사실 이 말이 보장해 주는 것은 아무것도 없다. 바꿔 말하면 '치아 부식을 방지하지 못할 수도 있습니다.'라는 뜻도 되니까 말이다! 이와 마찬가지로 설탕으로 뒤범벅된 시리얼이나 빵을 '영양가 있는 아침 식사'로 권하는 광고를 곧이곧대로 믿을 수 있을까?

환경을 생각하는 척 위장하라

기업은 사람들이 환경에 해로움을 주지 않고 유해 물질을 배출하지 않는 상품을 좋아한다는 것을 알고 있다. 그래서 마케팅 담당자들은 그다지 환경을 생각하지 않는 상품을 환경 친화적으로 보이게 하려고 '자연의', '깨끗한', '녹색의', '자연 분해되는', '무독성' 같은 표현을 자주 사용한다. 그런 말이 붙은 상품을 사면 왠지 기분이 좋아지기도 한다. 그렇지만 석유 회사와 석탄 회사, 항공사, 자동차 제조업체처럼 환경을 가장 많이 오염시키는 기업 중에 '친환경 위장 기업'이 많다.

어떤 생수 회사가 자연 이미지와 함께 '한 방울 한 방울이 천연'이라는 글귀가 들어간 생수 광고를 했다. 하지만 이 회사는 생수가 담긴 플라스틱 병이 환경에 미치는 심각한 영향이나, 재활용할 수 있는 유리병을 사용하거나 수돗물을 마시는 것이 지구 환경을 위해서 더 낫다는 사실은 말하지 않았다.

또 어떤 주방용 세제 제조사는 유출된 원유를 청소하는 단체에 세제를 기부하기 때문에 자기네 제품이 야생 동물을 살린다고 주장한다. 그 세제는 야생 동식물에 묻은 원유를 씻어 주는 데 쓰이긴 하지만, 동시에 물속 동식물에 해로운 성분도 함유하고 있다. 게다가 그 세제 회사는 자기네 제품이 야생 동식물에 이로운 것이라고 선전하면서, 한쪽으로는 환경 보호 규제를 반대하는 활동에 엄청난 돈을 썼다.

큰 경기를 노려라

매체를 통해 광고를 내보내는 데에는 엄청나게 많은 돈이 들어간다. 텔레비전 광고를 예로 들어 보자. 광고주는 광고를 제작하는 데에 텔레비전 프로그램 제작에 들어가는 비용과 맞먹는 돈을 써야 한다. 작가, 감독, 카메라 기사, 배우, 음향·의상·분장 스태프의 급여까지 준비해야 하는 것은 물론이고, 광고 시간을 할당받는 데에도 비용을 내야 한다. 그리고 광고를 내보내기로 한 프로그램이 인기가 높으면 높을수록 광고 시간을 할당받는 데 드는 비용은 더욱 비싸진다.

해마다 미국에서 열리는 슈퍼볼 미식축구 시합은 광고 제작자들에게는 일종의 올림픽과도 같다. 그들은 엄청나게 많은 시청자들이 텔레비전 앞에 모여든다는 것을 알고, 그 기회를 이용해서 유명인을 등장시키거나 사람들의 관심을 끌 만한 전략을 세워 새로운 광고를 퍼붓는다. 이때 매우 창의적인 광고도 쏟아져 나오기 때문에 미식축구 대신 광고를 보기 위해 슈퍼볼을 시청하는 사람들까지 있다. 수많은 사람들 눈앞에 광고를 보여 주려면 돈이 많이 들지만, 광고주로서는 이렇게 하는 것이 제대로 돈을 버는 일이다.

청바지
60,000원

직물·노동·운송·판매 비용
35,000원

청바지 구매 설득비
25,000원

하지만 이것이 소비자에게는 무엇을 뜻할까? 우리는 광고비를 실제로 내는 당사자이다. 우리가 어떤 상품을 사면서 지불하는 돈에는 광고비가 포함되어 있다. 사실 상품 가격의 20~40퍼센트는 광고 때문에 내는 돈이다. 따라서 청바지 한 장을 6만 원에 사면, 그중 2만 5000원은 기업이 소비자로 하여금 그 상품을 사도록 만드는 광고에 들어가는 셈이다!

소비자의 머릿속에 브랜드를 심어라

'브랜드'는 기업이 자기 상품에 대하여, 경쟁 업체의 것과 구별하기 위하여 글자·숫자·도안 등으로 표시한 상징이다. 브랜드는 광고주가 목장에서 빌려 온 말로, 원래 암소의 몸에 목장의 상징을 낙인으로 찍어서 그 소의 주인이 누구인지 알아볼 수 있도록 하는 걸 가리키는 말이었다. 목장의 소와 마찬가지로 신발, 컴퓨터, 자전거, 텔레비전을 살펴보면 이들 제품의 브랜드가 분명히 보일 것이다.

기업이 새로운 종류의 상품을 만들면 상품명과 로고를 소비자에게 친숙하게 만들어 소비자의 머릿속에 영원히 '각인'시키려 한다. 소의 낙인처럼 기업은 소비자가 그들의 브랜드를 영원히 기억하기를 바란다.

몇몇 기업은 이러한 각인 효과에서 놀라운 성공을 거두기도 했다. '스우시swoosh'(휙 지나가는 소리)로 상징되는 나이키의 마크가 대표적인 예이다. 이 마크는 매우 단순하고 어디서나 흔히 눈에 띄기 때문에 전 세계 수많은 사람들이 이 마크를 보면 '나이키'라는 브랜드와 나이키 운동화를 자동적으로 떠올리게 된다.

실제로 몇몇 로고는 신종 국제 언어가 되었다. 영어 문화권의 로고는 영어 문화권이 아닌 곳에 사는 수많은 소비자들에게도 익숙하다. 광고주는 상품을 소비자 머릿속에 '각인'시키는 데 뛰어난 능력을 가지고 있어서, 최근 연구 결과에 따르면 6개월 된 아기들조차 기업 로고와 마스코트를 알아본다고 한다.

소비자에게 부담 지우는 광고 비용

상품들 간의 가장 큰 차이는 품질보다는 가격이다. 광고를 많이 하는 상품은 대개 값이 더 비싸다. 마트에 가서 이름 없는 브랜드나 마트 자체 브랜드의 국수나 과자 성분을 광고에서 본 상품의 성분과 비교해 보면 어떤 차이가 있을까? 이들 상품이나 서로 경쟁 관계에 있는 콜라나 초콜릿칩 쿠키를 눈을 감고 맛을 보면 어느 게 어느 건지 구분할 수 있을까?

놀랍게도 한 회사가 전국적으로 광고하는 제품과 텔레비전 광고를 전혀 하지 않는 값싼 제품을 함께 생산하는 일도 있다. 이들 제품은 사실상 똑같은 것인데 값싼 제품은 가격에 민감한 소비자를 위한 것이고, 광고를 하는 좀더 비싼 제품은 공인된 제품에 더 많은 돈을 낼 수 있는 소비자를 겨냥한 것이다.

브랜드에 대한 애착

기업은 소비자가 자기네 브랜드에 호감을 가져서 자기네 브랜드를 신뢰하고 일체감을 갖기를 바란다. 그러기 위해 그들은 상품을 홍보하고, 또 소셜 미디어를 통해 소비자를 묶어 둔다. 늘 똑같은 브랜드의 청바지나 운동화를 사거나 특정 상표의 청량음료를 다른 음료보다 더 선호하는 사람들이 있다. 그렇게 하는 건 그 상품의 질이 좋아서일까, 아니면 그 브랜드의 이미지(광고, 로고, 포장 등)에 끌리기 때문일까? 여러분이 좋아하는 청바지 회사가 청바지와는 전혀 관련이 없는 상품, 예를 들어 향수를 만들어 광고한다면 여러분은 그 향수도 사게 될까?

스타를 활용하라

사람들이 비욘세나 마일리 사이러스라는 이름을 들으면, 이들을 '팝 스타'라고만 생각할까? 어떤 물건을 팔려는 '판매원'이라고 생각하지는 않을까? 어쩌면 둘 다라고 할 수 있다. 많은 유명 연예인들처럼 미국의 이 두 가수는 음악을 통해서보다 자신이 출연하는 광고를 통해 더 많은 돈을 벌어들인다.

운동선수도 광고주에게 인기가 높다. 수많은 기업이 자기네 상품 광고에 유명한 스포츠 스타를 등장시켰다. 은퇴한 캐나다 아이스하키 선수 웨인 그레츠키는 맥도날드, 포드 자동차, 타이레놀, 도미노 피자의 광고를 포함해서 수많은 기업 광고에 출연했다. 미국 농구 스타 코비 브라이언트는 맥도날드, 아디다스, 나이키, 스프라이트, 심지어 비디오 게임인 '기타 히어로'에 자신의 이름과 얼굴과 명성을 빌려 주었다.

많은 유명인들과 스포츠 스타들은 이제 상품을 공인해 주는 것을 넘어서

서 자신들이 기획한 것이라고 주장하는 의류, 신발, 향수 같은 제품에서 자신들만의 브랜드를 소유하고 있다. 물론 어떤 사람들은 노래나 농구를 잘하는 것만큼 의류 디자인을 잘할 수도 있겠지만, 대부분의 유명인들은 자신의 이름과 이미지를 남이 만든 상품에 빌려 주기만 하는 것이다.

유명한 가수나 배우, 스포츠 스타가 부추긴다고 사람들이 어떤 상품을 더 사게 될까? 많은 돈을 들여 유명 연예인을 내세우는 것이 정말 그 회사에 그만한 대가를 가져다줄까? 최근의 한 여론 조사는 네 명 중 한 명이 유명인이 출연한 광고라는 이유로 어떤 상품을 구매했고, 나이가 어릴수록 자기가 좋아하는 유명인에 설득당해서 상품을 사기 쉽다는 사실을 보여 주었다.

하지만 유명 인사가 나오는 광고라고 해서 모두 효과적인 것은 아님을 보여 주는 또 다른 연구 결과도 있다. 광고를 보는 사람들은 대부분 광고에 나오는 유명인이 실제로 그 상품을 사용하고 있고, 그 상품에 대해 더 잘 안다고 생각한다. 그렇기 때문에 패션모델이 새로운 의류를 선전할 때는 효과적일 수 있지만, 햄버거나 감자튀김을 사도록 설득한다면 그만큼 효과적이지 않을 수도 있다.

또한 사람들이 광고에 나오는 유명 인사에게 호감을 갖고 있을 때에만 그 광고는 효과가 있다고 한다. 따라서 자기네 상품을 선전하는 스포츠 스타가 근육 강화제와 같은 금지 약물을 복용한 사실이 드러나든가, 자기네 옷이나 신발 모델로 활동하는 영화배우가 어리석은 짓을 저지르면 그 상품을 제조하는 회사는 곤란해질 수밖에 없다. 그런 경우 기업은 유명인의 나쁜 행실이 자기네 브랜드에 해를 끼칠 수 있으므로 광고 모델을 교체하기도 한다.

광고 효과를 올리는 열쇠는 무한 반복

어떤 상품을 자주 듣고 볼수록 그 상품이 더 좋게 보인다는 것을 보여 주는 연구 결과가 있다. 말하자면 한 번 광고하는 것은 그 자체로는 효과가 거의 없다. 광고 효과를 올리는 열쇠는 바로 반복에 있다. 예를 들어 미국 패스트푸드 체인점 A&W는 자기네 루트비어(미국산 녹나무과의 나무 사사프라스의 껍질로 향을 내어 만든 무알코올 음료) 광고를 6개월

동안 연속적으로 꾸준히 내보내서 루트비어의 시장 점유율을 35퍼센트까지 올렸다.

자주 눈에 띄게 하는 것은 온라인 광고에서도 중요하다. 사람들이 날마다 같은 인터넷 사이트만 방문하는 것이 아니기 때문에 광

고주는 자기네 회사의 광고 메시지를 다른 여러 사이트에 반복해서 내보내야만 한다. 이렇게 온라인 광고를 한다고 해서 사람들이 그 광고를 본다고 장담할 수는 없다. 그래서 광고주는 사람들이 하루 중 어느 시간대에, 또 일주일 중 어느 요일에 광고를 가장 많이 보는지 알아내기 위해 끈질기게 연구하고, 그 시간대와 요일에 광고 메시지를 반복해서 내보낸다.

그렇지만 지나친 반복은 짜증을 불러일으키기도 한다. 사람들은 자주 반복되는 시엠송에 질려서 채널을 돌려 버리곤 한다. 지나친 반복의 또 다른 문제는 광고가 너무 친숙해져서 사람들이 그 광고를 광고로 인식하지 못한다는 것이다.

이러한 문제를 해결하기 위해 광고주는 같은 광고를 조금씩 다르게 제작해서 내보내는 방법을 쓴다. 제품 이름과 광고 문구가 반복되어 사람들의 기억에 남으면서도, 새롭게 변형된 광고에 사람들이 계속 주목하기를 바라는 것이다.

눈과 귀를 자극하라

여러분은 언젠가 텔레비전에서 광고하는 게임이나 장난감을 부모님께 사 달라고 졸라서 갖고 놀아 본 다음 실망한 적이 있을 것이다. 왜 실망하게 되었을까? 그 게임이나 장난감이 광고에서 보여 준 대로 작동하지 않아서였을까? 아니면 광고만큼 재미있지 않아서였을까?

광고 제작자는 장난감이나 게임이 실물보다 더 나아 보이고 재미있어 보이도록 눈과 귀를 자극하는 모든 특수 효과를 동원한다. 텔레비전을 보다가 비디오 게임 광고가 나왔을 때 음 소거를 해 보면 게임이 덜 재미있어 보인다는 사실을 발견할 수 있다. 또 어린이를 대상으로 하는 장난감 광고가 나오면 광고에 이용된 카메라의 각도를 눈여겨봐야 한다. 그러면 상품이 실제보다 크게 보이도록 카메라를 장난감 아래에 놓고 촬영한다는 걸 알 수 있다.

광고에서 흔히 쓰는 또 다른 수법은 캐릭터 인형이나 새로 나온 장난감 주변에 정교한 무대와 온갖 종류의 장신구를 배치하는 것인데, 이런 것들은 따로 판매한다. 그런 광고는 한 가지 장난감이나 인형을 '단돈 19,900원'으로 선전하지만, 광고에서 보여 준 장면을 그대로 재현하려면 다른 장신구들을 모두 사야 하므로 인형이나 장난감 값보다 훨씬 많은 돈이 들 수밖에 없다.

텔레비전이나 잡지 광고에 실린 햄버거나 피자는 대부분 실물보다 훨씬 맛있어 보인다. 광고주가 푸드스타일리스트를 고용해서 광고에 나갈 음식이 실제보다 더 맛있게 보이도록 '화장'을 시키기 때문이다.

햄버거 광고를 한번 살펴보자. 푸드스타일리스트는 햄버거 속 패티(다진 고기)가 반짝이도록 바셀린을 바르고, 빵 위에는 접착제로 참깨를 붙이고, 실제보다 더 크고 신선해 보이도록 토마토와 빵 사이에는 종이나 비닐을 끼워 둔다.

다른 광고도 마찬가지이다. 시리얼이 눅눅해지지 않도록 우유 대신 흰색 접착제를 사용하고, 닭다리는 더 커 보이도록 으깬 감자를 속에 집어넣는다. 또 따뜻한 코코아는 거품이 오래 지속되도록 세제를 넣고, 딸기는 더 붉게 보이도록 립스틱을 발라 둔다. 광고 제작 현장에서는 음식을 더 맛있어 보이게 하기 위해 결국 먹을 수 없는 음식을 만든다.

제품에 따라 서로 다른 전략을 써라

광고주는 수많은 전략을 갖고 있다. 그래서 상품의 광고 콘셉트에 따라 다음과 같은 전략을 능수능란하게 써서 사람들의 관심을 끌어모은다. 그중 몇 가지는 우리가 잘 알고 있는 것이다.

상품 비교

'내 것이 네 것보다 좋아' 식의 접근이다. 이 방법은 광고의 주장을 입증하기 위해 사례나 기호 테스트를 보여 준다. 이때 광고주가 기대하는 것은, 소비자가 나중에 두 가지 상표 중 하나를 선택해야 할 때 그 광고의 비교 결과를 기억하고 '더 나은' 상품을 구매하게 하는 것이다.

감성에 호소

사람들의 감성에 호소하는 종류의 광고는 꼭 바이올린 연주가 배경 음악으로 쓰이지 않더라도 그 광고에 담긴 사연 때문에 사람들의 기억에 남는다. 장거리 전화 서비스나 자선기금 모금을 위한 광고는 특정 상품이나 서비스에 긍정적인 감정을 갖도록 소비자의 감성에 호소한다.

흥분 배가

이런 종류의 광고는 "자, 우리 이제 마음껏 놀아 보자!"라고 외치는 것과 같다. 경쾌한 음악과 활기찬 활동 장면으로 이루어져 있고, 주로 흥겨운 분위기나 밋진 스포츠 사진이 곁들어진다. 사람들로 하여금 마지 그 제품을 사면 정말 즐거운 시간을 보낼 수 있다고 생각하게 만든다.

전문가와 통계

이 전략은 '광고가 속이기에는 너무 똑똑한 당신'이라는 광고로 알려져 있다. 이런 광고는 전문가와 통계를 이용해 소비자가 '합리적'인 결정을 내리도록 도와줌으로써 소비자의 지성에 호소하는 것으로 포장되어 있다. '열 명의 치과 의사 중 아홉 명이……'라는 제목이나 '자동차 잡지들이 올해의 차로 선정한……'이라는 표현을 쓰는 광고들이 바로 그런 전략을 사용한 광고이다.

멋진 변신

이 전략은 '머저리처럼 보이지 않는 법'이라는 이름으로 오래전에 입증된 것이다. 좀 멍청해 보이는 아이가 새로 나온 음료를 마시거나 꽤 멋진 옷을 입으면서 갑자기 멋쟁이로 바뀌는 장면을 보여 주는 것이다.

재미와 웃음

웃기는 광고는 사람들의 눈길을 끈다. 심지어 사람들로 하여금 스스로 그 광고 이야기를 꺼내 친구들과 함께 나누게 만든다. 사람들을 웃겨서 상품 그 자체를 다가가기 쉽고 멋진 것으로 여기게 만드는 전략이다. 하지만 정말 기억에 남는 것은 상품일까? 아니면 광고에 나오는 재미있는 농담뿐일까?

눈에 보이지 않는 갈망을 읽어라

신데렐라에서 스파이더맨에 이르기까지, 사람들이 변형을 보여 주는 이야기를 좋아한다는 걸 광고주는 금세 알아챘다. 그래서 어떤 사람이나 상황이 극적으로 변화하는 것을 보여 주는 것이 보편적인 광고 전략으로 자리잡았다. 잡지 광고에서 새로 나온 샴푸나 화장품의 효과를 보여 주는 '사용 전'과 '사용 후'를 비교하는 사진을 흔히 볼 수 있다. 텔레비전 광고에서는 문제가 해결되거나, 수수께끼에 해답을 주는 식으로 나타난다.

광고에서의 '해결'은 빛나는 머릿결, 눈부시게 새하얀 옷, 더 새롭고 빠른 자동차를 의미하는 것만은 아니다. 사람들이 마음속 깊이 갈망하는 것까지 의미한다. 이를테면 날씬한 몸매, 언제나 사랑받고 환영받는 것, 어떤 일을 잘

추억을 자극하는 '향수 효과'

〈토이 스토리〉는 미국 월트디즈니사에서 만든 영화로 최첨단 컴퓨터 애니메이션을 이용하여 장난감들의 세계를 묘사했다. 이 영화는 큰 인기를 모아 3편까지 제작되었다. 월트디즈니사는 〈토이 스토리〉 3편을 알리기 위한 전략의 하나로 1980년대에 만들어진 장난감을 선전하는 가짜 광고를 만들고, 이름을 밝히지 않은 이용자들을 시켜서 그 광고를 유튜브에 올리게 했다. 그 광고는 어렸을 때 그와 비슷한 광고를 본 적이 있는 사람들에게 추억을 떠올리도록 만들어졌다. 그래서 얻게 된 뜻밖의 효과는 무엇일까? 그렇다. 그 광고는 개봉될 〈토이 스토리〉 3편에 대해서는 한마디도 하지 않았지만, 바이러스처럼 광고가 퍼져 나가 사람들이 그 영화에 대해 이야기하도록 만들었다.

하는 것, 재미를 느끼는 것, 남의 행복에 기여하는 것, 성공을 이루는 것까지 말이다.

사실 광고의 이런 면이 광고를 호소력 있게 만든다. 사람들이 그런 것에 신경 쓰지 않는다면, 광고는 우리에게 그만한 영향력을 가질 수 없을 것이다. 하지만 사람들이 그런 것을 갈망하기 때문에, 우리의 삶이 좀 더 윤택해지고 즐거워질 거라고 말하는 광고의 약속에 덥석 넘어가는 것이다. 물론, 광고가 직접적으로 많은 말을 동원해서 그런 약속을 하는 건 아니다. 그 대신 좋은 시절과 따뜻한 느낌이 드는 장면을 보여 준다. 이런 광고는 우리가 광고처럼 살고 있다고 생각하도록 만들고, 상품을 구매함으로써 광고가 보여 주는 사랑과 성공을 경험할 수 있다고 믿도록 만든다.

광고에 대해 잠시 생각해 본다는 것 자체가 그리 쉽지는 않다. 우리는 너무 많은 광고에 둘러싸여 있어서 광고에 대해 비판적으로 생각할 겨를조차 없이 살고 있는 건 아닐까?

광고에서 성적 이미지는 판매에 정말 도움이 될까?

'성적 이미지는 잘 팔린다.' 이건 광고업계에서는 오래도록 정설로 통하는 말이다. 샴푸에서 손목시계에 이르기까지 수많은 광고에 몸을 거의 다 드러내 놓다시피 한 모델이 등장하는 것도 이 때문이다. 이런 종류의 광고는 신체 노출이 사람들의 주목을 끈다는 믿음에 바탕을 두고 있다.

그런데 광고에 나오는 관능적인 모델의 이미지가 사람들의 눈길을 끄는 것은 사실이지만, 상품 판매에 언제나 도움을 주는 것은 아니다. 연구 결과에 따르면, 사람들이 옷을 벗은 모델은 기억하지만 그 광고의 상품이 무엇인지, 그리고 왜 그 상품을 구매해야 하는지는 기억하지 못한다고 한다.

그런가 하면 광고에 성적 이미지를 이용하는 것이 역겹다고 여기는 사람들도 꽤 많다. 광고하는 상품이 성적 매력과는 아무 관계가 없을 때는 더욱더 그렇다. 관능적인 광고에 사람들이 부정적인 반응을 가지면 그 상품을 살 가능성도 낮아진다.

소비자의 약점을 건드려라

버스 안이나 수영장에서 무심코 사람들을 바라보다 보면, 사람마다 몸매와 얼굴이 제각각이라는 것을 알 수 있다. 하지만 광고의 세계에서는 대부분 무척 아름답고 날씬한 인물들이 등장한다.

광고주는 소비자들이 보통으로 생긴 사람이나 매력 없는 사람보다는 잘 생긴 사람이 광고하는 상품을 살 거라고 생각한다. 이런 생각이 맞을 수도 있다. 문제는 완벽함을 보여 주는 사진, 특히 영화 포스터나 패션 광고 사진은 소비자의 마음을 어지럽힐 수 있다는 것이다.

매력 없는 '낙오자'로 보일까 봐 두려워하는 사람들의 마음을 광고주가 어떻게 의도적으로 이용하고 있는지는 앞에서 설명한 바 있다. 광고주는 못생기거나 매력

진정성, 과대 광고를 넘어서다!

2004년 영국의 미용·위생용품 브랜드 도브는 '진정한 아름다움을 위한 캠페인' 광고에서 다양한 체형과 피부색을 가진 일반인들을 등장시켰다. 이 캠페인은 여성들로 하여금 자기 외모에 자신감을 갖지 못하게 만드는 비현실적인 아름다움의 기준에 맞서 싸우기 위한 것이었다. 이처럼 특이한 접근 방식으로 도브는 매출이 증대되었다. 그 후 다른 회사들도 광고에 몸집이 큰 모델을 등장시켰다. 많은 이들이 이러한 캠페인을 약삭빠른 마케팅 전략이라고 비판했지만, 이것은 광고에 사람들의 주의를 끌기 위해 날씬한 모델만 등장시킬 필요가 없다는 것을 입증했다.

없는 사람으로 보일까 봐 두려워하는 사람들에게는 청바지에서부터 화장품, 다이어트 식품, 성형수술에 이르기까지 모든 것을 너무나 쉽게 팔 수 있다고 생각한다.

하지만 '완벽한' 얼굴이나 몸매를 좇다가 실제로 병에 걸리기까지 하는 사람들도 있다. 요즘 '섭식 장애'라는 말을 흔하게 들을 수 있다. 섭식 장애는 주로 10대와 젊은 여성들에게서 나타나는데, 이들은 마치 놀이공원에나 있는 '유령의 집' 거울이 사람을 실제보다 뚱뚱하게 보여 주는 것처럼, 자신의 몸을 왜곡된 눈으로 바라본다. 그 결과 그들은 극단적인 다이어트나 운동 요법을 택하는 것이다. 반대로 자신이 너무 말랐다고 생각해 장애

를 겪는 남성들도 있다. 그런 남성들은 근육을 발달시킨다는 특수 보조 식품이나 약물을 복용한다. 안타깝게도 이런 보조 식품이나 약물은 매우 심각한 부작용을 일으키기도 한다.

물론 광고가 이 모든 문제를 일으키는 요인인 것은 아니고, 다른 요인도 항상 개입되어 있다. 하지만 건강 관리 전문가들은 흔히 광고 메시지가 이런 문제를 일으키는 데 어느 정도 책임이 있다고 말한다.

많은 연구 결과에 따르면, 사람들은 광고에 나오는 늘씬한 모델을 보고 난 다음에는 자신의 외모에 대해 부정적으로 느낀다고 한다. 그런데 여기서 우리가 분명히 알아 둘 것이 하나 있다. 잡지나 옥외 광고판의 아름다운 모델 사진은 실물을 많이 변형했을 가능성이 높다는 것이다. 모델의 사진은 전문적인 화장술과 특수 조명으로 촬영된 것이다. 게다가 실물보다 낫게 보이기 위해 사진을 디지털 기술로 처리하기도 한다.

하지만 광고에서 아름다움의 진실을 사람들에게 보여 주려는 기업도 있다. 영국의 생활용품업체인 유니레버의 브랜드 도브는 '진정한 아름다움을 위한 캠페인'의 하나로 모델의 변화하는 모습을 빨리 감기로 보여 주는 '진화Evolution'라는 제목의 1분짜리 비디오를 만들었다. 이 비디오는 온라인에서 찾아볼 수 있는데, 광고가 보여 주는 아름다움의 이미지가 얼마나 비현실적인 것인가를 알려 주는 유용한 자료가 되고 있다.

사진과 실제는 달라

컴퓨터의 사진 애플리케이션이나 이미지 편집 프로그램을 다루다 보면 사진에 나타난 모습을 변형하는 것이 쉬운 일이라는 것을 알 수 있다. 광고 디자이너는 사진을 더 보기 좋게 만드는 다양한 기법을 알고 있다. 그런 기법으로 사진에서 모델의 주근깨, 주름살, 기미 등을 안 보이게 만든다. 또한 모델의 군살을 없애고 얼굴형을 바꾸고 피부색을 희거나 검게 만든다. 최근에는 광고가 인공적인 미의 기준을 보여 준다는 이유로 이미지를 지나치게 '포토샵(광고 디자이너가 사용하는 이미지 편집 프로그램)' 처리하는 것에 불만을 가지는 사람들도 늘어나고 있다.

사진의 속임수는 상품이 주는 효과를 강조하는 역할도 한다. 예를 들어 마스카라를 광고하는 이미지에서는 디지털 처리를 해서 모델의 속눈썹을 더 길게 보이도록 만든다. 소비자의 뜻에 따라 몇몇 나라에서는 광고에서 소비자의 판단을 흐리게 하는 디지털 사진 편집을 금지하고 있다.

★ **4**장 ★

똑똑한 소비자를
어떻게 속일까?

광고주와 스파이는 어떤 공통점을 갖고 있을까? 둘 다 목적을 이루기 위해서는 속임수의 달인이 되어야 한다는 것이다.

광고주는 소비자가 갈수록 어떤 광고 수법에도 쉽게 넘어가지 않을 만큼 똑똑해지고 있다는 걸 잘 안다. 또 광고에서 약속하는 것들이 소비자로 하여금 주머니를 열게 만들려는 전략이라는 것을 소비자가 이미 알아차리고 있다는 것도 말이다.

그래서 광고주는 자신이 하고 있는 일이 빤히 드러나지 않게 광고를 슬쩍 집어넣을 만한 자리를 찾아다닌다. 예를 들어 영화나 텔레비전 프로그램에 광고를 끼워 넣고는 그것을 게임이나 뉴스로 보이게 만들거나 트위터나 페이스북 업데이트인 것처럼 속이기도 한다. 그야말로 자신들의 판매 상술을 온갖 '의상'으로 가리는 셈이다. 심지어 우리 옆에 있는 가족이나 친구를 자기 편으로 끌어들여서 우리에게 자기네 상품을 엄청나게 칭찬하도록 만들기도 한다.

깜짝 효과를 노리는 게릴라 마케팅

광고 전략 중에 '게릴라'라고 불리는 마케팅 기법이 있다. 게릴라 마케팅은 광고를 소비자에게 전달하는 색다른 방법이다. 광고주는 사람들이 늘 보는 곳에서 광고를 보는 데에 너무 익숙해져서 광고를 쉽게 무시해 버린다는 걸 잘 알고 있다. 사람들을 놀라게 해야 그 광고의 메시지가 사람들 머릿속에 더 오래 남아 있을 가능성이 높다는 것도 잘 안다.

게릴라 마케팅은 포스터, 담벼락 낙서, 스티커, 무료 샘플 같은 거리 캠페인에서부터 기상천외한 상상력, 독특한 묘기에 이르기까지 다양하다. 예를 들어 한 광고 기획사는 미국의 다큐멘터리 채널 디스커버리의 '상어 주간' 프로그램을 홍보하기 위해 마치 상어가 뜯어 먹은 듯한 모양의 서핑 보드를 만들어 바닷가 곳곳에 세워 놓은 적이 있다. 또 치약과 칫솔 제조 회사로 유명한 미국의 콜게이트사는 아이스크림 안에 칫솔 모양의 막대기를 넣어서 아이스크림을 다 먹으면 그 막대기에 적힌 '콜게이트를 잊지 마세요!'라는 글자가 나오게 만들었다. 이런 캠페인은 텔레비전 광고 제작에 들어가는 비용보다 적은 돈을 들이고도 사람들의 관심을 끌 수 있다. 게다가 특이한 광고 덕분에 그 제품에 대해 입소문이 나게 만들 수도 있다.

　어떤 기업은 게릴라 마케팅 전략과 함께, 사람들이 자신이 관찰당하고 있으리라고는 생각지도 못하는 장소에서 사람들의 반응을 촬영하는 '몰래카메라' 기법을 쓰기도 한다. 예를 들어 코카콜라사는 특별히 제작한 자판기에 '행복기계'라는 이름을 붙여 몇몇 대학 캠퍼스에 놓아둔 적이 있다. 코카콜라를 사려고 자판기에 동전을 넣은 학생들은 캔 한 개 값으로 두 개를 받기도 하고 때로는 캔이 줄줄이 나와서 놀라기도 했다. 또 다른 자판기에는 그 안에 사람이 들어가서 음식, 꽃, 장난감 따위를 주기도 했다. 사람들이 웃음을 터뜨리며 자기가 받은 것을 주변 사람들과 나누는 '실제 상황'을 몰래카메라로 촬영해서 텔레비전과 유튜브를 통해 배포했다. 코카콜라사는 몇몇 사람들이 이런 상황에 행복해하는 모습을 보여 줌으로써 다른 많은 사람들이 자신들의 상표에 긍정적인 느낌을 갖게 만들었다.

게릴라 마케팅이 실패한 예

게릴라 마케팅이 언제나 성공하는 것은 아니다. 미국의 성인 만화인 〈아쿠아 틴 헝거 포스〉가 2007년에 텔레비전 쇼로 만들어졌다. 제작자들은 저녁에 방영되는 이 쇼를 홍보하기 위해 뭔가 새로운 것을 시도해 보기로 했다. 그들은 만화의 캐릭터들을 나타내는 발광판을 미국의 주요 도시 곳곳에 설치했다. 그런데 한 도시에서 이 발광판이 폭탄으로 오인되어 폭탄 제거반과 소방수들이 출동하였다. 그 바람에 발광판이 설치된 지역을 봉쇄하고 주요 지하 철역과 고속도로를 폐쇄하는 소동이 벌어졌다.

또 영국의 어떤 회사는 아몬드 맛이 나는 알코올 음료를 홍보하기 위해 여러 기차역에 아몬드 향을 퍼뜨리려고 했다. 그 계획을 실행에 옮기기 전날 한 일간지에서 청산가리 가스를 이용한 테러 공격이 있을지 모른다는 기사를 싣는 바람에 홍보 계획은 곧바로 취소되고 말았다. 청산가리 가스가 아몬드 냄새와 비슷하기 때문이었다.

은밀하지만 확실한 입소문의 위력

좀 더 은밀한 형태의 게릴라 마케팅도 있다. 사람들에게 광고 메시지를 전달하면서도 사람들이 스스로 광고의 대상이 되고 있다는 사실을 전혀 알아채지 못하게 하는 것이다. 이런 광고 방법을 '입소문 마케팅'이라고 한다.

광고 회사는 입소문이 가장 효과적인 광고 방법이라는 사실을 잘 알고 있다. 여러분도 가까운 친구나 광고에 나오는 일반인이 추천하는 제품에 더 신뢰감이 생기는 경험을 해 봤을 것이다. 그래서 광고 회사는 '광고 스파이'를 고용해서 사람들 앞에서 그 제품을 사용하고, 사람들이 그 제품에 대해 말하게 만들기도 한다. 광고 스파이가 돈을 받고 그런 일을 한다는 사실을 숨기면서 말이다.

입소문 마케팅에 대해서는 사람에 따라 서로 다른 견해를 가지고 있다. 소비자 운동가들은 그 같은 마케팅은 정직하지 못한 방법이므로 허용해서는 안 된다고 하면서, 광고 스파이가 기업으로부터 돈을 받고 그런 일을 한다는 사실을 사람들에게 알려야 한다고 주장한다. 하지만 이 방법을 생각해 낸 마케팅 회사들은 광고 스파이로 고용된 배우는 상품을 팔려는 게 아니라 단지 상품을 보여 주는 것뿐이라고 항변한다.

만약 여러분에게 어떤 자전거나 새로 나온 화장품에 대해 얘기한 사람이 돈을 받고 그 상품이 좋다고 말한 것이라는 사실을 여러분이 알게 되면 기분이 어떨까?

입소문 광고의 약삭빠른 모습들

2002년에 일본 전자 제품 회사 소니는 배우 60명을 고용해, 관광객인 척하면서 소니 카메라 신제품으로 자신의 사진을 찍어 달라고 길 가는 사람들에게 부탁하게 했다.

일부 기업은 배우를 고용해 계산대 줄에 서서 특정 제품에 대해 이야기하게 하거나, 어떤 건물 앞에서 새로 나온 스낵을 먹으면서 어슬렁거리게 하는 마케팅 방법을 쓰기도 한다.

10대 게이머들이 크리스마스 선물로 플레이 스테이션 휴대용 게임 콘솔을 원한다는 걸 보여 주는 '아마추어' 비디오를 유튜브에 올렸다. 그런데 그 모든 것이 광고임이 밝혀져서 비디오 게임 팬들의 엄청난 반발을 샀다.

어떤 기업은 간혹 다른 업체나 개인에게 돈을 주고 온라인 매체에 자기네 제품에 대한 긍정적인 댓글을 올리게 만들거나, 그 기업의 직원이 아닌 척하면서 직접 그런 댓글을 올리기도 한다. 일부 분석에 따르면 온라인 소비자 댓글의 3분의 1은 가짜라고 한다.

퍼질수록 좋다, 광고 바이러스

게릴라 마케팅의 목표는 '바이러스'를 퍼뜨리는 것이다. 다시 말해 소비자들로 하여금 자신들의 소셜 네트워크를 통해 광고주의 메시지를 퍼뜨리게 한다. 그럼으로써 광고주는 사람들에게 광고 메시지를 직접 전달하는 데 드는 수고를 덜 수 있고, 또 입소문으로 추천받은 상품에 대한 소비자의 신뢰감까지 덤으로 얻을 수 있다.

그래서 광고주는 여러분이 페이스북에서 '좋아요'를 누르면 특별 할인이나 경품 행사에 참여할 기회를 주기도 한다. 여러분의 페이스북 친구가 여러분이 '좋아요'를 누른 것을 보고 자신도 그걸 누르게 되기 때문이다. 여러분이 만약 어떤 물건을 온라인으로 사고 트위터나 페이스북 같은 소셜 미디어에 그 물건에 대한 정보를 '공유'하면 가격 할인이나 무료 샘플을 받을 수도 있다.

자, 여러분은 친구가 '득템'했다고 보낸 메일과 그 친구가 산 것과 똑같은 상품을 홍보하는 어떤 회사의 메일을 한꺼번에 받았다면 어느 메일을 열어 볼까? 그리고 어느 메일을 휴지통으로 보낼까? 어떤 물건을 살지 결정할 때 여러분은 과연 누구의 말을 더 믿게 될까?

'좋아요'의 진실

웹사이트 광고는 예전에는 배너 광고처럼 화면 중앙의 맨 윗부분이나 오른쪽 아래처럼 빤히 알 수 있는 곳에 뜨곤 했다. 하지만 사람들의 눈이 이제는 그런 '광고 지대'를 피하는 데 익숙해지자 광고주는 사람들이 읽고 있는 웹 페이지의 한가운데에 광고를 띄우기도 한다.

게다가 페이스북과 트위터에서 여러분의 뉴스 피드나 타임 라인에 바로 뜰 수 있는 '스폰서 스토리'라든가 '프로모티드 트위트' 같은 광고를 사기도 한다. 스폰서 스토리는 친구들의 '좋아요'나 체크인을 기반으로 광고를 표시해 준다. 예를 들어 사용자가 한 식당에 체크인을 하거나 '좋아요'를 했을 때, 이 사용자의 프로필이나 사진이 친구들의 뉴스 피드에 그 식당의 광고와 함께 표시되는 것이다.

앞으로 우리는 일반 광고보다 그런 종류의 광고를 더 많이 보게 될지도 모른다. 광고라는 사실을 우리가 미처 알아차리지 못하게 하는 그런 광고 말이다.

브랜드 홍보 대사

건강 관련 회사와 의류 회사는 자기네 상품의 고객이 될 만한 단체의 대표자를 '브랜드 홍보 대사'로 임명해서 무료로 홍보 활동을 벌이게 만든다. 예를 들어 요가복을 만들어 파는 회사는 각 지역의 요가 강사들에게 요가복과 요가 장비 등을 할인된 가격에 판매한다. 요가를 배우러 온 사람들은 강사에게 그 제품을 어디에서 샀는지 물어보게 되고, 그러면 그 강사는 돈을 받은 것은 아니지만 요가 상품에 관심이 있는 사람들에게 살아 있는 광고물 노릇을 하는 셈이 된다.

유행을 발빠르게 읽으려면!

리복 같은 세계적인 스포츠용품 회사는 멋쟁이들이 드나드는 가게나 클럽을 돌아다니며, 패션 트렌드를 따르기보다는 자기만의 멋으로 유행을 창조해 내는 10대들을 찾아낸다.

때로는 10대들의 온라인 대화방에 들어가서 10대인 척하면서 그들에 대한 정보를 수집한다. 심지어 자기 또래 친구들에 대한 정보를 비밀리에 수집할 10대를 모집하기도 한다.

회사는 10대들이 어떤 것에 관심이 있는지 파악하고, 자신들이 내놓으려는 신상품과 그 상품을 더 '멋진' 제품으로 만들 수 있는 방법에 대해 10대들의 생각을 물어본다.

그런 다음 10대들의 의견을 제조 과정과 광고 기법에 재빠르게 집어넣는다.

영화는 두 시간짜리 광고

영화도 상품을 은밀하게 광고하는 좋은 매체이다. 〈이티〉는 영화 역사상 가장 인기 있었던 영화 중 하나이다. 〈이티〉는 우주선을 타고 날아온 이티와 아이들의 우정 어린 교류를 그린 미국의 공상과학 영화이다. 사실 〈이티〉는 광고 역사에서도 획기적인 사례로 손꼽힌다.

〈이티〉 제작자는 처음에 엠앤엠 초콜릿 회사에 연락해서 이 회사의 초콜릿이 영화에서 돋보일 기회를 주겠다고 했다. 그런데 엠앤엠사에서는 그 제안을 거절했다. 미국과 캐나다 지역 수천 개의 영화관에서 영화가 개봉되고 마침내 흥행에 성공해 세계 곳곳에서 상영되었을 때 소품으로 등장한 것은 엠앤엠을 대신한 리즈 초콜릿이었다. 주인공이 귀여운 이티를 집 안으로 끌어들이기 위해 초콜릿을 집 뒤뜰에 뿌려 놓는 그 유명한 장면에서 말이다. 영화가 개봉된 뒤에 리즈 초콜릿의 판매량은 자그마치 60퍼센트나 늘었다.

그 뒤로 영화는 예전과는 다른 광고 매체가 되었다. 이런 '간접 광고'는 이제 우리가 보는 영화나 텔레비전에서 쉽게 만날 수 있다. 영화의 한 장면에서 다이어트 음료를 등장인물의 책상 위에 놓아둔다거나 특정 가게의 간판을 슬쩍 비춘다거나 하는 것처럼 간단한 방법으로 상품을 영화에 끼워 넣는다.

간접 광고를 새로운 경지로 끌어올린 영화 제작사들도 있다. 예를 들어 2011년에 제작된 〈트랜스포머〉라는 영화에는 애플, 휴렛팩커드, 포르쉐, 이베이, 유에스에이 투데이, 파나소닉, 버거킹, 캐딜락, 제너럴모터스, 마운

틴듀 등 무려 70개가 넘는 브랜드가 등장했다. 이를 두고 많은 비평가와 관객들은 영화라기보다는 마치 두 시간짜리 광고를 보는 데 돈을 지불해야 하느냐고 불만을 토로하기도 했다.

사실, 말 그대로 두 시간짜리 광고 같은 영화가 꽤 있다. '레지던트 이블'이나 '툼 레이더' 같은 인기 있는 비디오 게임이나 '트랜스포머'나 '지아이조' 같은 장난감, 심지어 '배틀십' 같은 보드 게임을 바탕으로 제작된 장편영화들도 나오고 있다. 이런 영화들을 보고 있노라면 도대체 영화를 보고 있는 건지 긴 광고를 보고 있는 건지 정말로 헷갈린다.

호빗과 에어뉴질랜드의 사이는?

2012년에 뉴질랜드 항공 회사인 에어뉴질랜드는 영화 〈호빗〉을 홍보하기 위해 보잉 777 항공기 동체에 영화의 주요 장면을 담은 830제곱미터나 되는 그래픽을 그려 넣고 운항한 적이 있다.

스크린을 점령한 사과

2011년 한 해 동안만 해도 아이폰이나 아이패드, 애플 컴퓨터 같은 애플 제품이 미국의 텔레비전이나 영화에 900여 회 나왔다. 바꿔 말하면, 지난 10년 동안 미국에서 흥행 1위를 차지한 적이 있는 모든 영화 중 3분의 1에 애플 제품이 등장한 것이다.

기업이 만든 영화, 좋은 이미지 굳히기에 최고

사람들은 대부분 텔레비전에서 폭력적이거나 선정적인 장면이 나오는 것을 좋아하지 않는다. 광고주도 마찬가지이다. 그럴 만도 한 것이 폭력, 섹스, 마약이 나오는 프로그램의 광고 효과는 다른 프로그램의 광고 효과보다 낮다는 연구 결과가 많기 때문이다. 2010년에 미국 최대의 할인 매장 월마트와 미국의 대표적인 가정용품 제조업체 프록터 앤드 갬블이 손을 잡고 그들의 상품을 사용하는 등장인물들을 내세워 '가족적'인 텔레비전 영화 시리즈를 제작했다. 단란함, 솔직함 같은 가치를 강조하는 이 시리즈는 두 회사 브랜드에 대한 긍정적인 이미지를 굳히기 위해 만들어졌다. 이 전략은 지금까지는 꽤 먹혀든 것으로 보인다. 이 시리즈의 첫 편을 본 사람들은 보지 않은 사람들보다 영화에 나온 샴푸, 세제, 정수기 같은 제품을 살 가능성이 세 배쯤 높은 것으로 나타났다.

텔레비전 프로그램은 상품 전시장

시청자들이 점점 더 DVR이나 VOD(주문형 방송)를 선호하면서 광고를 안 보고 건너뛸 수 있게 되었다. 그 바람에 간접 광고는 텔레비전 프로그램의 주된 수입원이 되었다. 시트콤이나 드라마는 자동차에서부터 헤어스프레이나 시리얼에 이르기까지 거의 모든 상품을 프로그램에 끼워 넣는다.

상품이 그저 배경으로만 나오는 것이 아니라 이야기에서 중요한 역할을 맡기도 한다. 예를 들어 미국의 유명한 시트콤 〈모던 패밀리〉에서는 한

회분 방송 전체가 등장인물이 애플사의 아이패드를 갖고 싶어 하는 이야기로 꾸며졌고, 또 다른 회에서는 오레오 쿠키가 이야기의 주요 소재가 되기도 했다.

한편, 리얼리티 쇼에서는 프로그램에 나온 상품에서부터 시청자 투표에 이용된 휴대 전화에 이르기까지 모든 것에 '브랜드 홍보'의 기회를 제공한다. 리얼리티 쇼는 일반인을 텔레비전에 출연시켜 그들의 사생활을 그대로 보여 주도록 만들어서 시청자의 엿보기 심리를 충족시키는 프로그램이다. 미국에서는 시청률이 높은 리얼리티 쇼의 경우 한 시즌당 500여 회 간접 광고를 하는 것으로 알려져 있다. 또 수많은 리얼리티 쇼가 '주요 스폰서'를 갖고 있어서 매회 여러 차례 그 스폰서의 브랜드를 등장인물들이 말하게 한다.

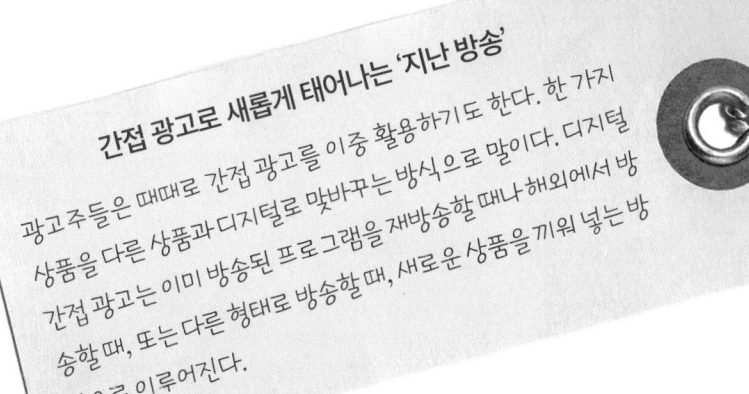

간접 광고로 새롭게 태어나는 '지난 방송'

광고주들은 때때로 간접 광고를 이중 활용하기도 한다. 한 가지 상품을 다른 상품과 디지털로 맞바꾸는 방식으로 말이다. 디지털 간접 광고는 이미 방송된 프로그램을 재방송할 때나 해외에서 방송할 때, 또는 다른 형태로 방송할 때, 새로운 상품을 끼워 넣는 방식으로 이루어진다.

상품을 대놓고 파는 드라마

앞으로 영화나 텔레비전을 볼 때 간접 광고가 나오는지, 나온다면 얼마나 자주 나오는지 잘 살펴보자. 그리고 한 상품이 어떤 프로그램에 나오는 경우와 그 상품이 광고로 소개되는 경우를 비교해 보자. 어느 쪽이 더 잘 기억날까? 그 상품을 사도록 설득하기 위해 배우나 출연자가 꼭 광고 문구를 들려줘야 할까? 그 상품을 사용하고 있는 사람이 악당인지 영웅인지, 아니면 외계인인지에 따라 느낌이 달라질까?

간접 광고는 때론 일부러 우스개처럼 보이게 만들기도 한다. 마치 "우리 모두는 여기에서 무슨 일이 벌어지고 있는지 알지. 우리는 그게 농담이라는 것도 알고 있단 말이야."라고 말하는 것처럼 말이다. 예를 들면 어떤 텔레비전 코미디 프로그램에서 등장인물이 한 휴대 전화 통신사의 서비스를 한참 칭찬하다가 갑자기 카메라 쪽으로 몸을 돌려 광고주에게 직접 말하듯이 "자, 이제 출연료를 받을 수 있겠죠?"라고 했다. 그 프로그램은 간접 광고로 제작비를 충당하면서도 동시에 간접 광고에 대해 농담을 한 것이다. 그 휴대 전화 통신사는 코미디 프로그램에서 농담의 대상이 되었지만 아랑곳하지 않고 너그럽게 이해해 준 것으로 보여 결국 사람들한테 좋은 회사라는 이미지를 심어 주었다. 이런 광고를 보고 사람들은 그 상품이나 브랜드에 더 좋은 인식을 갖게 될까, 아니면 그 반대일까?

이봐! 용의자가 지금 란초 3XG를 타고 달아나고 있다고. 그런데 지금 톡톡 콜라 마셔도 돼?

좋은 역할에 간접 광고 6개, 나쁜 역할에 간접 광고 87개……

잠재의식에 호소하는 광고

1950년대에 미국에서 '잠재의식 광고'라는 말이 화제를 모은 적이 있다. 미국의 제임스 비커리라는 사람이 다음과 같은 실험을 했다. 그는 영사기에 플래시 특수 장치를 고정해 영화 중간중간에 '팝콘을 먹어라', '코카콜라를 마셔라' 같은 자막을 내보냈다. 자막은 관객이 눈으로는 쉽게 알아차릴 수 없을 정도로 짧은 순간에 나타났다 사라졌다.

여기에서 '잠재의식'이라는 용어가 적용되었다. 잠재의식은 사람들이 의식하지 못하는 뭔가를 뜻하는 말이다. 비커리는 이 새로운 방식의 광고로 극장에서 콜라 매출이 18퍼센트, 팝콘 매출이 57퍼센트 올랐다고 주장했다.

광고주들은 너 나 할 것 없이 비커리의 방식을 광고에 쓰려 했지만, 사람들은 자신들이 그런 방식으로 세뇌당하는 것을 꺼렸다. 미국의 몇몇 주 정부에서는 극장이나 텔레비전 방송국에서 그 방식을 사용하지 못하도록 했다. 나중에 그 실험은 비커리의 사기였던 것으로 드러났다.

하지만 광고의 언어와 이미지가 사람들의 잠재의식에 입력된다는 주장이 여전히 나오고 있다. 이에 대해 광고주는 영상이 상상력의 산물일 뿐이라고 항변한다. 영상이 상상력의 산물 이외의 다른 어떤 것이라는 사실이 입증된 적은 없으니까 말이다. 그렇다면 무엇이 진실일까?

어떻든 광고주가 우리들의 잠재의식 속에 있는 감정을 자극하는 것은 분명한 사실이다. 그들은 날이 갈수록 훨씬 더 교묘한 방법을 사용한다.

인포머셜, 정보 프로그램 아니야?

일반 토크 쇼나 뉴스 보도, 시트콤처럼 보이지만 신기하게도 하나의 제품에 대해서만 이야기하는 텔레비전 프로그램이 있다. 이런 프로그램 형태를 '인포머셜'이라고 한다. 인포머셜은 정보를 뜻하는 '인포메이션 information'과 광고를 뜻하는 '커머셜 commercial'을 합쳐서 만든 말이다.

다른 프로그램과 마찬가지로 이런 프로그램에도 중간에 광고가 나올 수 있다. 30분짜리 광고를 내보내면서 그 안에 또다시 광고를 집어넣는다는 것이 이상하게 들릴 수도 있다. 하지만 인포머셜의 목표 중 하나는 시청자가 일반 프로그램을 보고 있다고 생각하게 만드는 것이다. 사람들이 나와서 새로운 보험 상품이나 화장품, 건강용품에 대해 이야기하지만 마치 돈을 받지 않고 그렇게 하는 것처럼 보이게 만든다.

인포머셜은 다음과 같은 특징을 갖고 있기 때문에 쉽게 알아차릴 수 있다.

프로그램이 하나의 상품에만 초점을 맞춘다.

'주문 방법'에 대한 정보가 전문가의 의견보다 더 많은 시간을 차지한다.

프로그램 중간에 나오는 광고 속 상품이 프로그램에서 다루고 있는 상품과 같다.

한정 상품이기 때문에 지금 바로 전화나 웹사이트로 들어가서 그 상품을 구입하는 것이 좋을 거라고 끊임없이 부추긴다.

자, 솔직하게 얘기해 봐요. 여성 여러분, 보기 흉한 털은 모든 여성의 고민거리죠.

규정을 어기더라도 어린이를 잡아라

미국에서는 광고주가 12세 미만의 어린이를 대상으로 하는 인포머셜을 만들 수 없게 했다. 또한 어린이를 대상으로 하는 프로그램 앞뒤 광고 시간을 제한하고 있다.

이 밖에도 어린이를 광고로부터 보호하기 위한 또 다른 규정들이 있다. 어린이 프로그램에서 인터넷 주소를 표시하는 경우는 반드시 교육과 관련된 사이트이거나 방송되는 프로그램과 직접적으로 관련이 있는 사이트의 주소여야 한다는 것, 제품을 판매하거나 광고하려는 의도로 인터넷 주소를 프로그램에 내보낼 수 없다는 것, 광고주는 인기 텔레비전 캐릭터를 광고에 사용할 수 없다는 것 등이다.

그런데도 어린이를 대상으로 한 프로그램 중 정규 프로그램 길이의 광고를 내보내는 광고주들이 있다. 이를테면 어린이 채널에서 광고주가 장난감을 팔려는 목적으로 제작한 온갖 종류의 프로그램을 방송하고 있는 것이다. 예를 들어 미국의 〈지아이조〉, 〈케어 베어〉, 〈드래곤 볼〉 같은 만화 프로그램은 다른 만화 영화와 똑같이 보일 수 있지만 실제로는 같은 이름의 장난감을 만드는 회사에서 판매 전략의 하나로 제작한 것들이다.

기업들은 심지어 아직 기저귀를 차고 있는 아기들에게 자기네 제품을 광고하는 방법을 고안해 내기도 한다. 〈엠앤엠 셈 놀이 책〉, 〈오레오 쿠키 세기〉 같은 책은 이제 막 셈하기를 배우는 유아가 보는 책이다. 그런데 유아와 부모가 함께 이런 책을 읽으면서 셈을 하려면 엠앤엠 초콜릿이나 오레오 쿠키가 필요할 것이다.

"어린이들이 독서에 관심 갖게 하는 건 뭐든지 좋은 거야."라며 이런 책을 만들어 내는 게 좋은 아이디어라고 생각하는 사람들도 있다. 하지만 이런 방법에 반대하는 사람들도 있다. 특히 의사들은 그렇게 어린 유아들까지 광고의 대상으로 삼는 것은 올바르지 않으며, 유아의 머릿속에 셈을 먹을거리와 연결하게 만들어서 결국 건강에 안 좋은 식습관을 가지게 할 수 있다고 말한다.

까다로운 광고 규제를 피하기 위한 애드버게임

애드버게임은 '광고'와 '게임'의 합성어로, 특정 브랜드나 상품을 홍보하기 위해 만들어진 게임을 가리킨다. 게임하는 동안 자연스럽게 그 브랜드를 접하고 제품이나 서비스를 체험하게 해 광고 효과를 높일 수 있다. 애드버게임은 주로 기업들이 까다로운 텔레비전 광고 규제를 피해 어린이를 대상으로 광고하기 위해 만들어 낸 또 다른 방법이다.

1990년대에 애드버게임이 처음 등장했을 때는 시디로 제작되어 시리얼 통 안에 넣어 소비자의 손에 들어가게 했다. 요즘 애드버게임은 어린이를 대상으로 하는 여러 웹사이트나 스마트폰 앱으로 배포되고 있다. 이런 애드버게임은 패스트푸드, 시리얼, 장난감, 사탕 등의 판매를 촉진하도록 만들어진 것이다.

사람들이 일단 그런 광고에 빠져들면 자기도 모르게 그 게임에 친구를 초대하게 된다. 광고 메시지가 전달된다는 사실을 모르는 채 게임을 즐기게 되는 것이다. 또 게임의 재미와 짜릿함을 특정 브랜드나 상품과 연결시켜 생각하게 된다.

애드버게임과 광고 효과 사이에는 확실히 연관성이 있다. 한 연구에 따르면, 과자 브랜드가 나오는 게임을 즐기는 아이들은 과일과 채소가 나오는 게임을 즐기는 아이들보다 과자를 훨씬 더 많이 먹는 것으로 나타났다.

뮤직비디오를 무료로 배포하는 이유는?

온라인 뮤직비디오를 클릭하면서 '자, 이제 광고를 확인해 볼까?'라고 생각하는 사람은 아마 없을 것이다. 하지만 온라인 뮤직비디오에 어김없이 광고가 따라붙는다는 것은 누구나 다 아는 사실이다.

뮤직비디오를 제작하는 데에는 많은 돈이 들어간다. 더욱이 뮤직비디오는 단편 영화만큼이나 예술적이고 사람들을 즐겁게 하는 볼거리를 제공한다. 하지만 음반 회사는 그런 뮤직비디오를 온라인 비디오 사이트나 텔레비전 방송국에 무료로 배포한다. 사람들이 뮤직비디오를 한 번씩 볼 때마다 3~4분짜리 광고를 하는 것과 같은 효과가 있기 때문이다.

게다가 요즘 뮤직비디오는 단지 음악만 광고하는 게 아니다. 최고 팝스타가 나오는 동영상에는 대개 휴대 전화, 화장품, 심지어 결혼 정보 회사의 간접 광고까지 들어가 있다. 그런 제품을 광고해서 얻는 수익으로 가수는 화려한 영상을 만들 수 있겠지만, 어떤 팬들은 속이 뻔히 들여다보이는 상업주의에 질려 정작 그 가수의 노래에 흥미를 잃을 수도 있다.

영리한 감사 인사

2012년에 미국의 유명한 팝 가수 리한나는 7개 국가에서 7일 동안 7번의 공연을 펼친 '777 순회공연' 도중에 무대에서 자신을 후원하는 회사에 감사 인사를 전했다. 거기에서 더 나아가 수천 명의 관객이 그 회사의 이름을 따라 부르게 만들었다.

기사야, 광고야?

애드버토리얼advertorials은 '광고'와 '편집 기사'의 합성어로, 잡지에서 볼 수 있는 인포머셜이다. 이것 또한 하나의 광고 기법이다. 일반적인 잡지 광고에는 글자는 별로 없고 커다란 사진이나 이미지가 많이 들어가는데, 애드버토리얼은 일반 기사나 인터뷰 기사처럼 주로 글로 되어 있고 작은 이미지 몇 개만 들어간다.

애드버토리얼에는 어떤 제품이나 휴가지에 대한 상세한 정보가 담겨 있고, 가끔은 전문가의 인터뷰도 실려 있다. 그런데 글을 읽다 보면 그게 기사로 위장된 광고라는 사실을 깨닫게 된다. 대부분의 잡지는 애드버토리얼이 광고라는 사실을 밝히는 안내 문구를 싣는다. 물론 이 문구는 매우 작은 글씨로 되어 있지만 말이다. 아무튼 잡지는 애드버토리얼이 기사인 것처럼 보이게 해서는 안 된다는 지침을 따라야 한다. 그런데도 애드버토리얼과 광고는 언뜻 구별하기가 쉽지 않다.

애드버토리얼은 인터넷에서도 쉽게 볼 수 있다. 광고주가 인터넷 기사나 게시물, 비디오 등에 광고 메시지를 끼워 넣고 있기 때문이다. 광고주는 인기 있는 웹사이트와 블로그에도 돈을 주고 자신들의 광고를 끼워 넣곤 한다.

광고와 기사의 경계는 정말 분명하지 않다. 많은 잡지와 웹사이트에는 그야말로 '광고 친화적'인 기사가 올라오곤 한다. 그런 기사는 광고주가 만들어 낸 것도 아니고 광고주가 돈을 줘서 만들게 한 것도 아니지만, 특정 제품을 선보이거나 그 제품의 긍정적인 기능을 보여 주는 내용들이나.

이를테면 새로 나온 화장품을 기능별로 소개하거나 명절 선물을 추천하는 기사 같은 것이다. 기업은 인기 있는 웹사이트, 블로그, 온라인 잡지 등에 글을 쓰는 사람들에게 종종 무료로 제품을 보내 주곤 한다. 그 사람들이 자기네 제품에 대해 글을 써 줄 것을 기대하기 때문이다. 그런 매체에 글을 쓰는 사람들도 대개 제품에 대한 글을 올리는 걸 좋아한다. 그런 글을 자꾸 쓰면 기업들도 그 사이트나 블로그에 관심을 갖고 광고를 신고 싶어하니까 말이다.

기업들은 일반 잡지에 광고를 신기도 하지만 자기네 상품만을 다루는 잡지나 온라인 잡지를 만들기도 한다. 일부 의류업체나 항공사, 제약사에서는 자기네 제품이나 서비스에 대한 기사뿐 아니라 광고까지 실은 잡지를 만들어 낸다. 그런 잡지에 실린 기사들을 잘 살펴보면, 얼핏 보기에는 기사처럼 보이지만 사실은 글이 좀 더 많고 사진이 적게 들어간 광고라는 것을 알 수 있다.

이상하네.
이 잡지에 나오는 여자들은
모두 같은 브랜드 옷을
입고 있잖아.

광고와 홍보의 차이점은 무엇일까?

홍 보를 뜻하는 영어 피아르[PR]는 'public relation'의 약자로, 대중과의 관계를 좋게 하기 위한 행위를 뜻한다. 좁게는 관청, 기업체, 단체에서 대중의 관심을 끌기 위하여 사업의 취지를 널리 알리는 선전을 일컫는 말이다. 그렇다면 광고와 홍보의 차이점은 무엇일까? 많은 사람들이 광고를 볼 때 그게 광고라는 사실을 알고 보지만, 홍보는 대부분의 사람들이 그것이 광고 효과를 노린 것이라는 사실을 한눈에 알기가 어렵다. 특히 잘 만들어진 홍보일수록 더더욱 알기 어렵다.

우리가 뉴스 사이트, 신문, 잡지, 텔레비전이나 라디오 뉴스, 인터뷰 프로그램 등의 정보 매체를 통해 보거나 듣는 것들의 대부분은 누군가가 그에 대한 돈을 지불했기 때문에 우리에게 전달되는 것이다. 예를 들면 기업이 방송 광고나 인쇄물 광고를 직접 제작한 것은 아니지만 기자나 편집자를 설득해서 자기네 제품이나 서비스를 진짜 뉴스인 것처럼 보도하게 만든다. 최신 제품을 선보이는 기업을 소개하거나 스폰서 로고로 뒤덮인 유

그게 바로 광고 스턴트!

2012년에 오스트리아의 에너지 음료 회사 레드불은 지구 성층권에서 스카이다이빙할 계획을 갖고 있는 한 스턴트맨을 후원하기로 했다. 그의 자유 낙하 점프는 세계 기록을 세웠고, 그 점프가 이루어지는 순간에, 그리고 그 후에도 한동안 소셜 미디어 사이트에서 레드불에 대한 언급이 크게 늘었다.

니폼을 입고 있는 운동선수와의 인터뷰 등이 그런 경우에 해당한다. 광고에 수많은 돈을 쓰는 대신 홍보 매체에 비용을 지불하고 뉴스 보도의 기회를 얻어 내는 것이다.

수많은 기업, 비영리 단체, 정부 기관, 개인(정치인과 기업가에서부터 배우와 운동선수에 이르기까지)은 뉴스 매체를 통해 자신들이 누구인지, 또 어떤 일을 하는지를 알리기 위해 홍보 캠페인을 벌인다. 홍보 캠페인은 광고와는 다르지만, 따지고 보면 목적은 같다고 할 수 있다.

우리는 모두 한가족

뉴스 사이트와 잡지의 소유주는 대개 영화 제작사, 텔레비전 채널, 심지어 장난감 회사까지 소유한 대기업인 경우가 많다. 그 모든 회사들과 매체가 마치 한가족처럼 하나의 대기업의 소유이기 때문에 더 쉽게, 그리고 더 적은 비용으로 서로 제품을 홍보해 줄 수 있다.

어떻게 그게 가능한지 오른쪽의 삽화를 살펴보자.

영화 한 편이 개봉될 때 텔레비전에 나오는 예고편이 공식적으로는 유일한 '광고'라고 해도, 광고로는 보이지 않는 온갖 방법으로 그 영화에 대한 홍보가 이루어진다. 그 영화와 관련된 인터뷰, 기사, 사진, 액션 피규어 같은 것들을 두어 번이라도 본 사람들은 그 모든 메시지가 같은 회사에서 나왔다는 것을 모른 채 그 영화가 좋은 영화라는 인상을 받게 된다. 단지 모든 매체가 그 영화에 대해 얘기하고 있다는 사실 때문에 말이다.

가족 사업의 진실

'아빠의 스튜디오'에서는 〈테크노 위저드의 복수〉라는 영화를 출시한다.

'엄마의 잡지'는 그 영화의 시사회 기사를 싣고 잡지 표지와 트위터에 그 영화의 감독과 주인공의 사진을 올린다.

'형제의 텔레비전 방송국'은 영화 예고편과 영화에 나온 배우들과 한 인터뷰를 방송한다.

마지막으로, '자매의 장난감 회사'는 아이들에게 판매할 테크노 위저드 캐릭터 장난감을 제조한다.

누구에게 결정권이 있을까?

텔레비전 방송사, 웹사이트, 잡지사, 신문사는 광고 수입에 크게 의존한다. 그렇기 때문에 그런 매체에 꾸준히 광고를 내는 광고주들은 무슨 프로그램을 방송하고 어떤 기사를 실을 것인가에 대해 직접적으로든 간접적으로든 큰 영향력을 갖고 있다. 제품을 홍보하기 위해 많은 돈을 쓰는 광고주는 자신들의 광고 앞 또는 뒤에 나오는 프로그램이나 기사 때문에 광고 효과가 떨어지는 것을 꺼린다.

예를 들어 화장품 회사는 공들여 화장한 여성을 표지 모델로 등장시키지 않는 잡지에는 광고를 싣지 않겠다고 한다. 또 주류 회사는 알코올 중독이나 지나친 음주로 일어나는 건강 문제를 기사로 싣는 출판물에는 광고를 싣고 싶어 하지 않는다.

이런 종류의 매체 검열이 대중에게 왜 좋지 않은 영향을 미칠까? 우리는 뉴스 매체가 '대중을 위해' 우리가 알아야 할 중요한 정보를 알려 준다고 믿는다. 하지만 그 같은 매체들은 광고주에 지나치게 의존한 나머지 때때로 광고주의 이익을 독자나 시청자의 이익보다 더 중요하게 여긴다. 때로는 광고주로부터 압력을 받아 새로 나온 약물의 부작용이나 특정 차량의 문제점에 대한 뉴스를 소홀히 다루거나 아예 보도하지 않기도 한다.

★ **5**장 ★

광고,
이래도 되는 걸까?

텔레비전을 보다가 중간에 나오는 광고를 보고서 "와, 저런 걸 텔레비전에 광고해도 되는 거야?"라고 생각해 본 적이 있을 것이다. 또 무심코 인터넷 게시판을 보다가 "이런 식으로 사람들을 딴 길로 새게 만드는 거구나!"라는 생각을 해 본 적도 있을 것이다. 여러분이 이메일에서 쓴 말이나 인터넷에서 검색한 낱말과 관련이 있는 온라인 광고를 맞닥뜨리고는 "아니, 이 회사가 어떻게 나를 속속들이 알고 있지?"라고 의아해한 적도 있을 것이다.

여러분만 그런 생각을 하는 건 아닐 것이다. 긴 광고 역사만큼이나 사람들은 이미 오래전부터 광고 메시지나 광고 수법에 신물이 나 있으니까 말이다. 수천 년 전부터 광고가 존재해 왔지만 광고 규제에 대한 원칙이 세워진 것은 겨우 100년밖에 되지 않는다. 1900년대에 이르러서야 사람들은 허위 광고에 항의하기 시작했고, 뻔뻔한 광고주들로부터 소비자를 보호할 수 있는 대책을 마련하라고 관계 당국에 요구했다.

광고 역사 속의 전설적인 허풍

1920년대에는 광고주가 과대 광고를 하고도 별 탈 없이 넘어갔다. 미국의 화장지 생산업체인 스코트사는 소비자들에게 이런 말까지 했다.
"질 나쁜 화장지를 쓸 경우 병균에 감염될 수 있고, 고통스러운 질병으로 고생길에 들어설 수 있습니다."

1920년대에 미국의 구강 청결제 브랜드인 리스테린은 파티에 다녀온 뒤 감기를 앓다가 죽은 한 여성의 이야기를 광고에서 다루면서, 그 여성이 리스테린 같은 훌륭한 구강 청결제를 사용하지 않았기 때문에 죽음에 이른 것이라고 했다.

1970년대에 광고 규제법이 도입되면서 리스테린은 1000만 달러(우리 돈으로 약 100억 원)를 들여 다음과 같은 광고를 제작, 유포해야 했다.
"이전 광고에서 알려 드린 것과는 달리, 리스테린은 감기나 인후통을 예방하거나 완화할 수 없습니다."

광고 규제의 역사

1900년대	대중의 압력으로 각국 정부는 20세기 초에 식품 및 의약품 광고에 대한 몇 가지 지침을 세우기 시작했다.
1910 ~ 1920년대	제1차 세계대전이 일어나면서 광고 규제에 대한 원칙이 느슨해졌다. 일부 광고주들은 경쟁자들보다 돋보이려고 위협적인 광고 전략을 쓰기도 했다. 하지만 사람들은 의약품 제조사의 터무니없는 허풍을 듣는 데 이미 익숙해져 있었다. 그래서 사람들이 광고업계의 변화를 요구할 만큼 흥분하는 일은 좀처럼 일어나지 않았다.
1930~ 1950년대	세계를 순식간에 경제 위기의 혼란으로 빠뜨린 '대공황'으로 사람들이 더 이상 물건을 사들이지 못하고 많은 기업들이 문을 닫으면서 광고도 크게 줄었다. 1950년대 후반에 들어서 허위 광고를 했다는 이유로 광고주를 기소하기 위해 필요한 자료를 모으는 사람들이 나타났다.
1960년대	캐나다의 광고기준기구(Advertising Standards Canada)와 미국의 연방거래위원회(Federal Trade Commission(FTC)) 같은 광고 규제 기관이 세워졌다.
1970년대	미국의 연방거래위원회는 허위 광고를 한 광고주에게 벌금을 부과하기 시작했다. 또한 몇몇 산업 분야에서는 광고주가 광고 내용이 사실임을 입증할 수 있는 자료를 제출하게 하였다.
2010년대	미국과 캐나다 정부는 온라인 광고주가 웹 이용자에 대한 정보를 수집하고 공유하는 것을 제한하는 갖가지 '온라인 추적 방지' 법안을 발의하려 하고 있다.

어린이에게 이것만은 안 돼!

요즘은 광고주들이 따라야 할 온갖 종류의 규칙과 규정이 자세하게 정해져 있다. 어린이를 대상으로 하는 광고를 제작할 때에는 더욱 주의해야 한다. 캐나다와 미국에서는 광고주가 어린이로 하여금 물건을 사도록 유도할 때 지켜야 할 규칙으로 다음과 같은 것을 정해 놓았다.

- 과장을 해서는 안 된다. 이 조항은 광고 문구뿐만 아니라 이미지에도 해당된다. 예를 들어 광고주는 어떤 장난감이 더 크게 보이거나 더 빨리 달리는 것처럼 연출해서는 안 된다. 그 장난감이 실제로 할 수 없는 것, 즉 생명체처럼 말을 하거나 행동하는 것처럼 보이게 해서도 안 된다.
- 청소년이나 성인을 대상으로 만든 상품을 어린이에게도 적합한 것처럼 광고해서는 안 된다.
- 어린이에게 그 제품을 '사야 한다'고 말하거나 부모에게 '사 달라고 해야 한다'고 말해서는 안 된다. 다시 말해 광고주는 "이 인형은 마트에서 구입할 수 있습니다."라고 말할 수는 있지만, "엄마에게 이 인형을 사 달라고 하세요."라고 말해서는 안 된다는 것이다.
- 어린이에게 부모가 그 제품을 사 주지 않으면 나쁜 부모이고, 사 주면 좋은 부모라는 식으로 말해서는 안 된다.
- 어떤 제품을 광고하기 위해 어린이에게 잘 알려진 삽화 캐릭터나 인형 캐릭터를 실제로 그 캐릭터를 만든 회사가 아닌 다른 회사에서 사

용해서는 안 된다. 예를 들어 '슈퍼 마리오 브라더스'라는 게임에 나오는 마리오 캐릭터를 그 게임을 만든 회사가 아닌 다른 회사에서 사용해서는 안 된다는 것이다.

- 조립식 장난감이나 블록 같은 장난감을 광고할 때는, 어린이들이 조립하기 어려운 장난감인데도 쉽게 조립할 수 있는 것처럼 광고해서는 안 된다. 조립을 해야 하는 장난감을 광고할 때는 대상 연령의 어린이들이 알아들을 수 있는 말로 광고해야 한다.

- 광고에서 장난감에 포함되지 않은 물건을 보여 줘서는 안 된다. 아니면 '배터리 포함 안 됨'이나 '플레이스테이션은 별도 판매' 같은 말을 써서 그 물건이 장난감에 포함되어 있지 않다는 사실을 분명히 밝혀야 한다.

- 광고에서 위험한 활동을 보여 줘서는 안 된다. 예를 들어 자전거나 롤러블레이드를 타는 장면을 보여 줄 때는 그 광고에 등장하는 어린이들이 반드시 보호 헬멧이나 안전 패드를 착용하고 있어야 한다. 어린이들이 트램펄린에서 점프하는 모습을 보여 줄 때는 어른이 어린이를 지켜보고 있는 모습도 함께 보여 줘야 한다.

- 어린이가 보기에 올바르지 않은 행동이나 폭력적인 장면, 또는 어린이를 놀라게 하거나 혼란을 줄 수 있는 장면을 보여 줘서는 안 된다.

- 어린이에게 그 제품을 구입하지 않으면 친구들 사이에서 인기 없는 아이가 될 거라는 말을 해서는 안 된다. 또 그 제품을 구입하면 더 똑똑하고, 강하고, 날씬하고, 멋진 아이가 될 거라는 말을 해서도 안 된다.
- 광고에 사회적 관념을 이용하거나 아이들이 사회의 특정 집단이나 어떤 부류의 사람들에

광고 없는 세상

그리스, 노르웨이, 덴마크, 스웨덴, 벨기에 같은 나라에서는 광고주가 어린이를 대상으로 판매 광고를 하는 것이 완전히 금지되어 있다. 캐나다의 퀘벡 지방에서도 13세 미만의 어린이들에게 광고하는 건 금지되어 있다. 어린이들이 텔레비전 프로그램이 시작되기 전이나 끝나고 난 뒤에 광고를 보는 일 없이 자라는 걸 상상할 수 있을까? 그렇게 되면 아이들이 광고를 그리워하게 될까?

대한 편견을 갖도록 부추겨서는 안 된다. 또 광고주는 어떤 피부색의 아이들도, 어떤 장애를 가진 아이들도 소외시키는 광고를 해서는 안 된다.

- 어린이가 제품을 당장 사야겠다는 생각이 들게 만드는 '지금 바로 구매하세요!', '서두르세요!' 같은 표현을 사용해서는 안 된다. 또 값이 싸다고 느끼게 만드는 '할인가' 또는 '단돈 얼마' 같은 표현을 사용해서도 안 된다.
- 어린이에게 무료 전화로 전화를 걸라고 하거나 개인 정보를 제공하라고 하는 등, 부모님과 먼저 상의해 보라고 말하지 않고 바로 인터넷에서 상품을 구입하도록 부추겨서는 안 된다.

- 어린이로 하여금 경품 행사에 당첨될 수 있다는 헛된 기대를 갖게 해서는 안 된다. 광고주는 자기네가 내건 경품 행사에 참여하려면 어떻게 해야 하는지, 당첨될 가능성이 어느 정도인지 알려 줘야 한다.
- 시장에 나온 지 1년이 넘은 제품을 광고하면서 '새로 나온'이라든가 '처음 소개하는'이라는 표현을 써서는 안 된다. 또 신제품을 소개할 때 예전 제품이 더 이상 쓸모없다는 느낌을 줘도 안 된다.
- 어린이의 온라인 활동을 추적해서는 안 된다.

광고 경찰은 없다?

나라마다 제품을 광고할 때 광고주가 따라야 할 규정을 정해 두고 있다. 그런데 모든 광고주가 이런 규정에 신경을 쓰는 것은 아니다.

왜냐하면 텔레비전과 라디오, 웹사이트, 신문과 잡지, 이메일과 문자 메시지, 게시판 같은 것을 일일이 뒤져 보고서 어떤 회사가 규정을 어겼다고 판단되면 벌점을 주거나 감옥에 보낼 '광고 경찰'이 없기 때문이다. 대부분의 경우, 소비자(바로 여러분!)가 규정 위반 사실을 찾아내 문제 삼지 않는 한, 광고주는 규정을 위반하고도 처벌을 받지 않는다.

광고주가 규정을 자기에게 편리하도록 멋대로 해석하거나 불법 행위를 숨기는 짓을 못 하게 하려면 이렇게 할 수밖에 없다.

- 먼저 광고 규정을 잘 알아야 한다.
- 언제 어디서 허위 과장 광고를 봤는지, 그 내용이 무엇인지 정확히 기억하고 있어야 한다.
- 어디에 신고할지 알고 있어야 한다.
- 시간을 들여 차분히 신고문을 작성한다.
- 문서로 신고한다.
- 할 수 있다면 규정 위반 사실을 온라인이나 다른 매체에 올린다. 많은 사람들이 조회하고 주목하면 광고주가 답변할 가능성이 높아지니까 말이다.

이처럼 소비자들이 할 일도 많다. 사람들은 광고주가 무책임한 광고나 소비자를 현혹하는 광고를 내보내고 있다고 생각하면서도 귀찮아서 광고주에게 책임을 묻거나 관계 당국에 고발하지 않는다. 대부분은 친구들에게 불평하는 걸로 그치고 만다.

아니면 한 발 더 나아가서 페이스북, 블로그, 트위터 같은 데 글을 올리는 사람들도 있다. 그런 곳에 글을 올리는 건 그다지 많은 노력을 들이지 않고 더 많은 사람들에게 사실을 알릴 수 있으니 효과적이다. 그런 글은 확실히 광고주에게는 따끔한 주의로 들릴 것이다. 우리는 흔히 광고보다는 친구들의 말에 영향을 더 많이 받으니까 말이다!

온라인 광고 규제는 어려워!

인터넷에 올리는 광고도 인쇄물, 텔레비전, 라디오, 옥외 광고판의 광고와 똑같은 규정을 따라야 한다. 온라인 광고도 다른 매체의 광고와 마찬가지로 법의 적용에서 예외일 수는 없다. 온라인 광고도 소비자의 판단을 흐리거나 허무맹랑한 주장을 해서는 안 된다. 하지만 인터넷에서는 개인이나 기업이 규정을 따르게 하기가 더 어려울 수 있다. 인터넷에서는 정보와 이미지가 국경을 넘나들기 때문에 한 국가가 정한 규정만을 적용하기에는 어려움이 있다.

물론 어떤 종류의 온라인 광고는 텔레비전 광고나 인쇄 광고와는 매우 달라서 기술이 발달하면서 규정도 수정해야 할 때가 있다. 예를 들어 여러분은 성가신 팝업 광고를 닫기 위해 자그마한 'X' 기호를 찾느라 시간을 한참 허비한 적이 있을 것이다. 미국에서는 온라인 광고를 닫기 위해 특별히 노력해야 하거나 어떤 지식이 필요하게 만들어서는 안 된다는 규정을 만들었다. 또 컴퓨터의 브라우저 또는 보안 설정을 변경시키는 광고도 허용되지 않는다.

내 정보가 팔리고 있다고?

인터넷 광고와 관련된 가장 큰 논쟁거리는 '맞춤형 광고'와 그런 광고가 웹 사용자의 개인 정보 보호에 미치는 영향에 대한 것이다. 맞춤형 광고는 여러분이 여러 온라인 사이트에서 무엇을 하고 있는지 일정 기간 추적해서 여러분의 관심사를 파악하고 그 관심사에 맞춰 여러분만을 위한 광고를 제공하는 방법이다.

2장에서 다룬 '쿠키'를 떠올려 보자. 맞춤형 광고에서는 쿠키가 '플래시 쿠키'나 '슈퍼 쿠키', '웹 버그' 같은 까다로운 사촌들과 함께 톡톡히 제 역할을 해낸다. 플래시 쿠키는 일반 쿠키보다 찾아서 삭제하기가 더 어렵고, 슈퍼 쿠키는 여러분의 브라우저에 정보를 영구적으로 저장한다. 웹 버그는 어떤 컴퓨터에서든지 여러분이 웹 페이지를 방문하거나 이메일을 읽을 때 그것을 기록하는, 보이지 않는 파일이다.

구글, 페이스북, 마이크로소프트, 애플, 아마존 같은 대규모 인터넷 회사는 사람들의 온갖 개인 정보를 모아 놓고 있다. 구글의 서비스 몇 가지만 예로 들어 봐도, 구글의 검색 엔진과 지메일(이메일용), 구글 플러스(소셜 네트워킹용), 피카사(사진 공유용), 유튜브(동영상용) 등이 포함되어 있다. 여러분이 이런 서비스를 이용하는 경우, 구글은 여러분의 이메일, 채팅, 비디오, 캘린더, 친구, 네트워크, 검색어, 위치 정보, 그 밖에 여러분에 대한 더 많은 정보를 수집할 수 있다.

이런 정보는 광고주에게 매우 가치 있는 것이기 때문에 웃돈을 받고 그들에게 그런 정보를 팔기도 한다.

왜 이 모든 게 문제가 될까? 아마 여러분은 '나는 숨길 게 없어. 그런 회사들이 나에 대한 정보를 수집한다고 해서 문제 될 게 뭐 있어?'라고 생각할 수도 있다. 문제는 그런 정보가 어떤 목적으로 사용되는지, 누구와 공유되는지, 얼마나 보관되는지 우리가 알 수 없다는 사실이다. 우리는 심지어 정보 회사가 개인 정보를 수집하는 것이 좋은 일인지 아닌지를 파악할 수 있는 방법조차 없다.

인터넷에 떠다니는 개인 정보를 걱정스럽게 바라보는 사람들은 이렇게 말한다. 여러분이 별 생각 없이 온라인 활동을 통해 드러낸 건강, 소비 행

태, 정치적 견해와 같은 정보가 5년이나 10년, 심지어 20년 뒤에 여러분이 대학에 지원하거나 일자리를 찾을 때, 신용 카드를 신청할 때, 집을 구입할 때, 다시 여러분한테 따라붙을 수도 있다고 말이다.

웹 회사에서 어린이들의 인터넷 사용 내역을 추적하는 것도 몹시 걱정스러운 일이다. 어린이들은 웹사이트에 대한 복잡한 계약 조건이나 면책 조항을 이해하지 못할 수 있다. 또 어린이들은 웹 회사가 자신들에 대한 정보를 수집하는 데 동의하는 것이 무엇을 뜻하는지 잘 모르고 동의할 수도 있다.

개인 정보 유출에 대한 우려 때문에, 최근에는 광고주가 사람들의 온라인 활동을 추적하지 못하도록 규제해야 한다는 이야기가 많이 나오고 있다. 2011년에 도입된 캐나다의 광고 지침에는 광고주가 사람들의 온라인 활동을 추적할 때에는 사람들에게 그 사실을 알려 주고, 사람들이 원하지 않을 경우 쉽게 거부할 수 있는 방법을 제공해야 한다고 되어 있다. 아울러 어린이를 대상으로 하는 웹사이트에서는 온라인 활동의 추적을 하지 못하게 되어 있다.

미국에서는 온라인 개인 정보를 보호하고, 특히 어린이들의 개인 정보 보호를 강화하기 위한 법안이 발의되었다. 그뿐 아니라 이제 대부분의 웹 브라우저에서는 온라인 활동을 추적하지 못하게 설정을 변경할 수 있게 되었다.

하지만 온라인 광고주와 웹 회사, 미디어 기업들이 이러한 법안에 반대하고 있다. 그들이 반대하는 건 사실 놀라운 일도 아니다. 그들은 온라인 광고를 규제하면 자신들의 사업에 피해를 줄 뿐만 아니라, 광고주의 지원을 받아 무료로 제공하는 이메일, 소셜 네트워크, 지도, 동영상 같은 온라인 서비스를 사람들이 지금처럼 마음대로 사용할 수 없게 될 거라고 말한다. 그들은 또한 웹 사용자의 관심사에 맞는 광고를 보여 줌으로써 그들에게 더 나은 서비스를 제공하고 있다고 주장한다.

어쨌든 이 싸움이 금방 끝날 것 같지는 않지만, 일이 어떻게 진행되는지 잘 지켜볼 필요가 있다.

내가 사들이는 것을 보고 내가 누구인지 알아낸다고?

기업은 온라인으로 사람들의 활동 내역과 구매 내역에 대한 정보를 얻어 낸다. 하지만 지금까지는 사람들에 대한 온라인 정보와 사람들이 현실 세계에서 무엇을 하는지에 대한 정보를 종합해서 파악할 수는 없었다고 한다. 그런데 요즘 신용카드 회사에서는 사람들의 신용카드 사용 내역과 온라인 정보를 결합해 그 사람이 어떤 사람인지를 파악하고 그 사람에게 초점을 맞춘 광고를 제공하는 방법을 개발해 내고 있다.

어느 날 갑자기 내가 광고 모델이 되어 있다면!

여러분이 소셜 미디어 사이트에 프로필을 갖고 있는 경우, 아마 여러분이 쓰는 댓글이나 온라인 활동이 모든 사람에게 공개되지 않도록 개인 정보를 설정하는 법을 알고 있을 것이다. 하지만 여러분이 그런 사이트에 가입하는 것은 곧 그들이 여러분의 온라인 활동에 대한 정보를 수집하는 데 동의하는 것이나 다름없다. 또한 그 사이트가 그렇게 수집한 정보로 익명의 프로필을 만들어서 자기네 사이트에 광고를 올리는 기업들과 공유하는 것에도 동의하는 것이다. 그 사이트에 들어가서 깨알 같은 글씨로 된 이용 약관을 읽어 보고 정보 공유에 대한 내용을 확인할 수는 있겠지만 말이다.

게다가 그런 사이트의 광고주들은 여러분에게만 광고를 하는 게 아니라 여러분의 친구들에게 광고하는 데에 여러분을 이용하기도 한다. 여러분의 정보 수집 동의를 근거로 해서 여러분 사진이나 이름이 들어간 광고를 친구들에게 보내는 것이다. 여러분이 어떤 제품을 정말로 좋아한다고 해도 여러분 네트워크에 있는 모든 사람들에게 그 제품에 대한 광고(그것도 여러분이 주인공인!)가 보내진다면 찜찜하지 않을까? 아니면 여러분이 친구나 가족에게 보내는 맞춤형 광고의 모델로 무료 봉사하는 셈 치고 그냥 넘겨 버릴까?

스팸! 대단한 스팸!

스팸은 원래 미국 식품업체 호멜사의 햄 통조림 제품 이름이다. 그런데 호멜사는 스팸을 엄청나게 광고하는 바람에 '광고 공해'를 불러일으킨다는 비난을 받았다. 그 뒤에 영국의 한 코미디 프로그램에서 스팸이 들어간 요리만 내놓은 식당을 풍자하면서 스팸은 원하지 않는 다양한 형태의 이메일 메시지나 무더기로 발송되는 전자 통신 광고를 일컫는 용어로 쓰이기 시작했다.

대부분의 스팸 메일은 스팸 메일함으로 바로 들어가거나 메일 필터링 (전자우편 차단 기능)을 통해 바로 삭제된다. 하지만 스팸을 만드는 사람들은 자신들이 홍보하는 제품에 관심을 가질 몇 사람을 겨냥해서 그런 메일을 줄기차게 보낸다. 그들은 대략 1000만 개의 메일 주소로 같은 메일을 보낸다. 그러니 메일을 받은 사람들 중에서 0.01퍼센트만이라도 열어 본다면 1000명이나 그 메일을 보는 셈이다. 그 때문에 그렇게 꾸준히 스팸 메일을 보내는 것이다.

지금까지 오랫동안 인터넷 서비스 제공업체나 컴퓨터 보안업체, 컴퓨터 바이러스 백신 개발 회사들은 스팸이 인터넷 이용자들의 메일함에 도착하기 전에 스팸을 식별해서 차단하는 노력을 기울여 왔다. 하지만 스팸을 만드는 업체들도 스팸 퇴치를 피해 갈 수 있는 새로운 수법을 계속 만든다. 그들은 유명인이나 여러분이 물건을 구입한 어떤 회사, 또는 여러분이 알고 있는 누군가가 보낸 것처럼 위장해서 스팸 메일을 보내 무심코 열어 보게 만들기도 한다. 그런가 하면 스팸을 걸러 내는 필터를 피하기 위해 일부러 맞춤법이 틀린 글자를 쓰기도 한다. 스팸을 만드는 사람들과 막는 사람들 사이에 끝없는 대결이 벌어지고 있는 셈이다!

스팸 메일 수신을 줄이기 위해 할 수 있는 일이 있다. 먼저, 이메일 주소를 모르는 사람에게 알려 주거나 웹사이트에 공유하지 않도록 한다. 메일링 리스트, 소셜 미디어 사이트, 인터넷 게시판 등에 메일 주소를 남기지 않는 것은 물론이고, 이메일의 보안 설정이 스팸을 걸러 낼 만큼 높게 설정되었는지 확인한다. 또 개인 정보를 요구하는 웹사이트의 개인 정보 보호 정책을 꼼꼼히 읽어 보고, 그들이 이메일 주소를 다른 회사에 판매하지는 않는지 확인해 본다. 무엇보다도 스팸 메일을 통해 보낸 모든 이메일이나 링크는 절대 열어 봐서는 안 된다. 물론 그런 메일에 답해서도 안 된다.

일부 스팸 메일은 여러분 컴퓨터에 바이러스를 심거나 여러분의 개인 정보를 빼내 '신분 도용' 같은 나쁜 목적으로 사용할 수 있다. '수신 거부' 버튼을 클릭하는 것도 그런 메일에 응답하는 것이나 마찬가지이다. 그렇게 하면 스팸 메일을 보낸 사람이나 메일 서버는 여러분의 이메일이 유효하고 사용 중이라는 사실을 알 수 있기 때문이다. 그러면 결국 여러분은 더 많은 스팸 메일을 받게 될 것이다.

누구나 볼 수 있어서 위험한 옥외 광고

인터넷에서는 적어도 어떤 사이트를 방문할 것인지 우리 스스로 선택할 수 있다. 그래서 광고도 어느 정도 피할 수 있다. 또한 어떤 라디오 채널을 들을지, 어떤 텔레비전 프로그램을 볼지 우리 스스로 결정할 수 있다. 어떤 만화, 어떤 잡지, 어떤 신문을 읽을지도 결정할 수 있고, 또 어떤 애플리케이션이나 게임을 사용할지도 결정할 수 있다.

하지만 모두가 보는 옥외 광고의 경우는 이야기가 다르다. 옥외 광고판, 버스 정류장이나 버스 측면에 붙어 있는 광고는 우리가 선택할 수 없다. 그런 광고는 그저 거기에 자리 잡고 있는 거니까 말이다.

옥외 광고는 이처럼 무차별적으로 아무나 볼 수 있다는 특성 때문에 인터넷 광고와는 다른 규정을 만들어야 한다고 주장하는 사람들도 꽤 있다. 특히 어린이가 옥외 광고를 볼 수 있기 때문이다. 성적인 암시를 주는 광고, 폭력적인 이미지를 보여 주거나 음주를 부추기는 광고는 어린이를 대상으로 하는 텔레비전 프로그램이나 웹사이트에서는 확실히 금지되어 있다. 그러니 이런 광고는 어린이도 볼 수 있는 옥외 광고로 만드는 걸 금지해야 한다는 것이다.

현명한 광고주와 옥외 광고 제작자는 옥외 광고에 어떤 이미지를 올릴 것인가를 두고 주의를 기울인다. 사람들이 항의하면 어렵게 제작한 광고를 내려야 하는데, 광고주들은 그런 사태를 맞고 싶지는 않으니까 말이다. 하지만 어떤 광고주는 단지 관심을 끌거나 뉴스거리가 되기 위해 일부러 논란을 불러일으키는 광고를 게시해서 기소되거나 벌금을 내기도 한다.

동물 보호 단체인 페타[PETA]는 추수감사절 캠페인의 하나로 미국의 학교 주변에 옥외 광고를 세웠다. 그런데 "애들아, 너희가 키우는 개는 먹지 않으면서 왜 칠면조를 먹는 거니?"라는 문구를 칠면조의 몸에 개의 머리를 한 이미지와 함께 보여 주었다가 강제로 철거된 적이 있다.

미국 의류 회사인 아메리칸어패럴은 옷을 거의 걸치지 않은 10대 여성을 번번이 광고 이미지로 쓰는 바람에 사람들로부터 빗발치는 비난을 받으며 강제 조치 당해 옥외 광고를 내린 적도 있다. 그런데 비록 광고를 내리기는 했지만, 그 일 때문에 뉴스에 보도되면서 더 많은 관심을 끌게 되었다. 덜 불쾌한 이미지를 사용했더라면 그렇게까지 관심을 끌지 못했을 것이다.

틈만 있으면 어디에라도!

때로는 어떤 광고인가보다는 어디에 광고를 했느냐가 더 문제가 되는 일도 있다. 다음 광고 전략 중에서 어느 광고가 가장 부정적인 반응을 불러일으켰을까?

'바비 핑크의 달'을 기념하여 영국의 한 도시 거리 전체를 분홍색으로 칠한 광고. 도로와 집뿐 아니라 나무까지 색칠을 했다. 바비는 미국 마텔사에서 제작한 인형으로, 전 세계에서 10억 개 이상 판매되었다. 마텔사는 이 인형을 상징하는 색깔을 '바비 핑크'라 이름 짓고, '바비 핑크의 달'을 만들어 홍보하고 있다.

인도의 히말라야 산맥 바위에 페인트로 칠한 콜라 광고.

보도에 영상을 빔으로 쏜 영화 〈배트맨〉의 광고.

위 세 광고 모두 사람들을 화나게 만들었지만, 특히 첫 번째 광고에 대해 인도 대법원은 히말라야의 생태계를 위험에 빠뜨렸다고 판결하고, 환경 피해를 일으킨 콜라 제조사들에 벌금을 부과했다.

언젠가 낙타 조를 친구로 삼을 거야

아마 모든 광고 중에서 가장 문제가 되는 광고는 사람들이 담배를 피우고 싶게 만드는 광고일 것이다. 이런 광고는 특히 어린이와 청소년에게 가장 해롭다.

담배 회사가 어린이나 청소년을 대상으로 광고를 내보낼 수 없다는 사실은 누구나 알고 있다. 세계 여러 나라가 담배 광고를 엄격히 규제하고 있고, 유럽에서는 담배 회사가 스포츠 경기나 문화 행사를 후원할 수 없다.

담배 광고가 엄격하게 규제되기 전에는 담배 제조업체들이 10대를 비롯한 젊은 사람들의 관심을 끌기 위해 다양한 전략을 시도했다. 한 담배

회사의 마케팅 보고서에 "오늘의 10대는 내일의 잠재 고객이다."라고 적혀 있을 정도였다.

특히 한 담배 회사는 10대의 관심을 끌기 위한 광고물을 개발하기도 했다. 1987년에 미국의 담배 회사 알 제이 레이놀즈사는 카멜 담배를 홍보하기 위해 '조'라는 이름의 낙타 캐릭터를 만들어 냈다. 조는 록 밴드에서 연주를 하거나, 포켓볼을 하거나, 오토바이를 타는 등 멋진 모습으로 광고 시리즈에 등장했다. 조는 또 잡지나 옥외 광고판에도 등장하고, 티셔츠와 야구 모자 캐릭터로도 쓰였다. 담배 광고에 낙타 캐릭터가 등장한 지 4년 만에 이루어진 한 연구에서는 10대들이 조를 미키 마우스처럼 친근한 이미지로 인식할 만큼 조의 캐릭터는 대성공을 거둔 것으로 나타났다.

또 다른 연구에 따르면, 조 캐릭터가 만들어지기 전에는 18세 미만의 흡연자 가운데 카멜 담배를 피우는 흡연자가 1퍼센트도 채 안 되는 것으로 조사된 반면에, 조 캐릭터 광고에 엄청난 비용을 쏟아 부은 지 4년째 되는 해에는 18세 미만의 흡연자 가운데 32퍼센트 이상이 카멜 담배를 피우는 것으로 나타났다.

이런 연구 결과를 보면, 알 제이 레이놀즈사가 낙타 조를 광고 모델로 내세웠기 때문에 미성년자들이 멋진 모습의 낙타 조와 자신을 동일시하면서 담배 중독에 빠지게 되었다는 것이 틀림없는 사실로 여겨진다. 그나마 다행스러운 것은, 조 캐릭터 광고를 나무라는 사람들의 항의가 빗발치자 미국 정부가 1997년에 마침내 담배 광고에 낙타 캐릭터를 사용하지 못하도록 시정 명령을 내렸다는 것이다.

할리우드는 흡연 중

미국과 캐나다에서는 1970년대에 텔레비전에서 담배를 광고하지 못하게 했다. 그러자 담배 회사들은 영화에 눈을 돌리기 시작했다. 그러나 1989년부터는 영화에서도 담배를 광고할 수 없게 되었다.

하지만 아직도 영화 속 주요 등장인물의 흡연율은 사람들의 실제 흡연율보다 300퍼센트 정도 더 높은 것으로 나타나고 있다. 미국과 캐나다에서 흡연이 실제로 줄고 있지만, 지난 10년 동안 상영되어 인기를 모은 영

화의 80퍼센트가 등장인물들의 흡연 장면을 담고 있다. 이는 영화 속의 삶이 실제의 삶과 꼭 같은 건 아니라는 사실을 보여 주는 예이기도 하다.

영화에서 담배 피우는 모습을 보여 주는 것이 왜 그렇게 문제가 될까? 젊은이들은 흡연 장면이 많이 나오는 영화를 보면 담배를 피우게 될 가능성이 더 높다는 연구 결과가 나와 있다. 미국에서는 담배를 처음 피우기 시작하는 젊은이가 매일 약 3800명에 이른다. 이 때문에 몇몇 흡연 반대 단체와 연구자들은 흡연 장면이 나오는 모든 영화는 R 등급으로 분류되어야 한다고 주장하고 있다. R 등급의 영화는 17세 이상부터 관람할 수 있고, 17세 미만의 청소년은 보호자와 함께할 경우에만 관람할 수 있다.

미국의 3대 영화 제작사인 디즈니, 타임워너, 컴캐스트는 2005년부터 자신들이 제작하는 영화에서 담배 피우는 장면을 줄이기로 약속했다. 하지만 2011년 조사에 따르면, 3대 영화 제작사에서 만든 영화나 다른 영화 제작사에서 만든 영화나 흡연 장면이 나오는 횟수에는 큰 차이가 없는 것으로 드러났다.

오랫동안 세계 여러 나라 정부는 금연 캠페인을 벌여 왔다. 심지어 담배 포장에 흡연이 얼마나 인체에 해로운지 겁을 주는 문구나 사진을 넣게 하는데, 이 문구나 사진이 담배 포장의 4분의 3을 차지하도록 강제하는 법률도 있다. 몇몇 금연 광고는 실제 사례를 내세워 매우 생생하고 노골적이기까지 하다. 과연 이런 광고에서 흡연으로 생긴 암이나 질병으로 고통받고 있는 사람들이 실제로 들려주는 이야기가 학교 선생님이나 부모님이 해 주는 이야기보다 더 설득력이 있을까?

6장

너 자신의 힘을 믿어 봐!

광고는 때로, 아니 어쩌면 매우 자주 우리를 짜증나게 만들기도 한다. 우리는 광고가 사람들의 판단력을 흐리게 하거나 무책임하다고 여기기도 한다. 그것은 광고가 판에 박힌 모습의 사람들을 보여 주거나 광고에서 말하고 있는 가치가 여러분 마음에 안 들기 때문일 것이다. 광고 메시지 자체가 짜증스럽다기보다는 그 광고가 어느 매체에 나오는가, 누구를 겨냥한 광고인가, 얼마나 자주 그 광고를 보거나 듣게 되느냐에 따라 그 광고가 성가시게 느껴질 수도 있고 그렇지 않을 수도 있다. 그렇다면 짜증을 부르지 않는 현명한 광고주를 만드는 가장 좋은 방법은 무엇일까? 그것은 대중이 그 광고를 좋아하는지 좋아하지 않는지 광고주가 알도록 의견을 전달하는 것이다. 2장에서 10대들의 반응이 광고주에게 얼마나 중요한지 언급했다. 유행에 민감한 10대를 비롯한 젊은층에 광고 메시지를 전달하고 제품 판매 전략을 개발하는 데 가장 많은 시간을 들인다. 그러니까 광고주는 여러분처럼 어리고 젊은 사람들이 어떻게 생각하는지에 늘 신경을 쓰고 있다는 것이다. 여러분이 의견을 주면 기꺼이 새겨들을 수 있을 정도로 말이다.

이처럼 여러분에게는 힘이 있다. '소비자의 힘, 연대의 힘, 항의의 힘' 같은 것이다. 다만 그런 힘을 언제 어떻게 사용할 것인지는 여러분이 판단하고 책임있게 결정해야 한다.

소비자의 힘

여러분은 지갑에서 돈을 꺼낼 때마다 소비자의 힘을 사용하는 셈이다. 언제, 어디에, 어떻게 여러분의 돈을 쓸 것인지를 스스로 결정하기 때문이다.

하지만 그다음에는 어떻게 하는가? 여러분이 고데기를 사서 텔레비전 광고에 나오는 모델과 똑같은 방법으로 그 고데기를 사용했는데 구입한 지 2주 만에 고장이 났다고 하자. 고데기를 서랍에 처박아 넣고 잊어버리는 편이 속 편할까? 아니면 구입한 매장에 가져가서 환불해 달라고 하는 편이 나을까? 또는 그 고데기를 만든 회사의 이름을 확인하고 앞으로 다시는 그 회사 제품을 사지 않도록 기억해 두는 게 좋을까?

이 세 가지 중 마지막 방법을 '보이콧boycott'이라고 한다. 보이콧은 특정 회사의 제품이나 서비스를 이용하지 않겠다는 결심을 뜻하는 말이다. 예전에는 폭력적인 프로그램을 자주 내보내는 텔레비전 방송국을 사람들이 보이콧했다. 가난한 나라의 사람들에게 말도 안 되는 임금을 주고 그들을 부리는 기업을 보이콧했고, 여성을 사고 팔 수 있는 상품처럼 묘사한 광고를 내보낸 향수 회사나 맥주 회사의 제품을 보이콧하기도 했다.

여러분이 그 회사의 제품을 안 사거나 그들이 광고를 내보내는 프로그램을 시청하지 않는다고 해도 그런 회사들에는 별로 영향을 미칠 것 같지 않다고? 아마 그럴 수도 있을 것이다. 여러분 혼자만 그렇게 한다면 말이다. 그래도 그건 여전히 그렇게 할 만한 가치가 있는 일이다.

여러분은 스스로 "나는 이 회사가 무책임하고 정직하지 않다고 생각해.

나는 이 회사가 하는 일과 하는 말을 지지하지 않아. 그러니 아무리 작은 힘이라 해도 그들에게 항의의 표시를 보여 줄 거야."라고 선언하는 것이나 다름없으니까.

여러분이 좀 더 큰 변화를 이끌어 내기 위해 항의하는 방법도 있다. 이를테면 그 회사가 제품을 생산하는 방식이나 광고하는 방식을 바꾸고 싶다면, 연대의 힘이나 항의의 힘을 사용하는 것도 좋은 방법이다.

연대의 힘

여러분이 야구 경기나 농구 경기를 보면서 응원을 할 때 혼자서 머리 위로 팔을 추켜올리고 서 있으면 여러분 옆이나 뒤에 있는 사람들만 그걸 알아볼 것이다. 하지만 한 무리의 사람들이 모두 함께 일어나서 팔을 올려 파도타기를 한다면 모두가 알아볼 수 있다.

소비자의 항의도 이와 마찬가지이다. 친구를 비롯해 여러분이 아는 사람들과의 폭넓은 연결망은 하나의 '연대'를 이루어 변화를 이끌어 낼 수 있다. 여러분 혼자 항의의 표시로 어떤 제품을 더 이상 구매하지 않거나 어떤 텔레비전 프로그램을 보지 않는다고 해도, 이런 여러분의 행동은 그다지 주의를 끌지 못할 것이다. 하지만 수백 명 또는 수천 명의 사람들이 그렇게 행동하면, 기업은 그 항의에 주의를 기울이게 된다. 지금까지 광고주는 사람들이 더 이상 보지 않는 인기 없는 광고를 수정하거나 없애는 식으로 대중의 항의 표시에 반응을 해 왔다.

말 퍼뜨리기

여러분이 만약 '엑스 스타'라는 게임을 사상 최고의 게임으로 묘사하는 광고를 보면서 사실은 그 게임이 광고와는 아주 다르다는 걸 알고 있다면, 아마 친구에게 아래와 같이 말할 것이다.

여러분이 친구들에게 그 이야기를 하면 친구들은 저마다 자기 가족과 다른 친구에게 그 이야기를 할 테고, 그들은 또 다른 사람들에게 그 이야기를 할 것이다. 시간이 흐를수록 점점 더 많은 사람들이 그 이야기를 듣게 된다.

자, 이제 무슨 말인지 알아챘을 것이다. 이건 마치 스포츠 경기장에서의 파도타기 같은 것이다. 결코 무시할 수 없는 방법이다!

마침내 많은 사람들이 어떤 회사의 특정 제품을 사지 않게 된다. 이처럼 소비자의 힘이 일으키는 '파도'는 주목을 받는다.

항의의 힘

여러분이 정말 어떤 회사의 광고나 생산 방식, 또는 다른 나라에서의 사업 방식 등을 바꾸고 싶다면, 그 회사에 직접 연락하는 것이 가장 좋은 방법이다. 항의 표시는 문서로 하는 게 좋다. 대부분의 기업은 자기네 웹사이트에 이메일 주소를 올려 둔다. 또는 온라인 고객 불만 양식을 올려 두기도 한다. 그 경우 양식에 따라 불만 사항을 쓰면 된다. 한 사람 이상이 같은 제품이나 같은 문제에 불만을 나타내면 더 효과가 있다. 그것은 연대의 힘과 항의의 힘을 함께 발휘하는 것이다!

소셜 미디어 사이트, 블로그, 온라인 댓글 등은 평범한 사람들에게 기업의 행동에 영향을 미칠 수 있는 권한을 준다. 한 기업의 불쾌한 광고나 비윤리적 관행에 대한 글을 게시하거나 댓글을 달면 그 내용은 눈 깜짝할 사이에 퍼져 나가 그 기업에 악몽을 안겨 준다. 그래서 수많은 기업이 웹 검색을 전문으로 하는 직원을 두고 있다. 이들은 자기네 회사 이름을 언급한 게시물을 검색해서 고객의 불만에 적절하게 대응하고 나쁜 소문이 퍼져나가는 것을 막는 일을 주로 한다.

여러분은 웹 페이지에 올라온 광고에 대한 의견도 올릴 수 있다. 그러면 여러분 네트워크에 있는 모든 사람들이 그걸 읽을 수 있다. 또는 그 회사의 소셜 미디어 페이지에 직접 댓글을 올리고, 그들에게 직접 트위트를 보내거나 제품 리뷰 사이트에 글을 올릴 수도 있다. 그러면 전 세계 수많은 소비자들이 여러분의 의견을 볼 수 있다!

올바르고 긍정적인 메시지를 전하는 광고를 봤다면, 그 광고를 낸 기업이 하고 있는 일을 여러분이 지지한다는 사실을 알려 주는 것도 좋다. 기업에서는 사람들이 색다른 광고, 예를 들어 다양성을 긍정적으로 표현하는 광고를 좋아한다는 사실을 알게 되면 그런 광고를 더 많이 만들 테니까 말이다.

사람들은 어떤 기업이 몇몇 사람들의 불만을 듣고 광고를 철회하는 것을 보고 놀라기도 한다. 하지만 광고주는 이메일을 보내거나 전화로 불만을 표현하는 사람들이 몇 명 있다면, 그 광고를 불쾌하게 여기는 사람들이 실제로는 훨씬 더 많을 거라고 생각한다. 똑똑한 광고주라면 다른 잠재적 고객까지 화나게 만드느니 불씨가 되는 광고를 바로 내리기로 결정할 것이다.

기업이 소비자에게 귀 기울이게 하는 방법

항의 표시를 효과적으로 잘하는 사람이 있다. 여러분도 일상생활에서 이런 경우를 본 적이 있을 것이다. 두 사람이 어떤 일의 진행 방식을 두고 똑같이 문제를 느끼고 항의했는데, 한 사람은 사과를 받아 내고 다른 한 사람은 무시당하고 마는 경우 말이다.

"한 통의 식초보다는 한 방울의 꿀로 더 많은 파리를 잡을 수 있다."라는 서양 속담이 있다. 아마 부모님이나 선생님들로부터 이런 비슷한 얘기를 들었을 것이다. 이 속담은 무례하게 행동하기보다는 예의 바르게 행동하면 그 대가를 얻을 수 있다는 말이다. 다시 말하면, 달콤한 방법(꿀)을 사용하는 것이 일반적인 방법(식초)을 사용하는 것보다 더 효과적이라는 것이다.

이 방법이 어떻게 통하는지 한번 보자. 여러분이 텔레비전에서 새로 나온 탄산음료 광고를 봤는데, 그 광고는 사람들을 웃기려고 외국인 말투를 쓰는 사람을 우스꽝스럽게 묘사하고 있다. 여러분이 만약 그 광고가 사람들로 하여금 외국인에 편견을 갖게 하는 비겁하고 공정하지 못한 광고라고 생각한다면, 혼자 앉아서 화만 내기보다는 그 광고주가 여러분 생각을 심각하게 받아들이도록 그 광고를 내보낸 텔레비전 방송국과 광고주에게 의견을 글로 잘 정리해서 보내 본다. 그 글에 다음과 같은 내용을 담아서 말이다.

- 여러분이 그 텔레비전 채널을 자주 보고, 또 좋아한다는 사실부터 말

한다. 이런 말은 여러분이 고정 시청자이며, 그 방송국이 광고를 끌어오려면 여러분 같은 시청자의 관심이 필요하다는 사실을 되새기게 만든다.

- 여러분이 그 회사의 탄산음료를 즐겨 마신다고 말한다. 그러면 광고주는 바로 여러분 같은 사람에게 새로운 탄산음료를 마시도록 광고하고 있다는 사실을 깨닫게 될 테니까.

- 여러분이 그 광고를 보고 마음이 불편했다는 사실을 말한다. 그 광고에서 어떤 부분이 마음에 들지 않았는지 차분하게 설명한다. 예의 바르고 합리적으로 말할수록 그들이 여러분의 의견에 주의를 기울일 것이다.

- 그 광고가 계속 방송된다면 그 회사의 음료를 더 이상 사 먹지 않을 거라고 말한다. 그 광고가 역효과라는 걸 알려 주기 위해 '소비자의 힘'을 발휘하는 것이다.

- 그 광고가 계속 방송되면 그 방송국의 프로그램도 더 이상 안 볼 생각이라고 말한다. 그건 여러분이 그 방송국의 다른 광고도 더 이상 안 본다는 걸 뜻한다.

- 아울러 친구들과 가족에게 그 방송국 채널을 보지 말 것과 소셜 미디어 사이트에 불만 사항을 게시하도록 설득할 것이라고 말한다. 이렇게 하는 건 '연대의 힘'과 '항의의 힘'을 보여 주는 것이다.

- 방송국과 광고주로부터 여러분이 걱정하는 것을 이해하고 있다는 답변을 문서로 받고 싶다고 말한다. 이러한 요청은 그들이 더더욱 여러분의 편지를 무시하기 어렵게 만든다. 그들이 여러분에게 답변을 써야 하는 부담을 안게 된다면, 그들은 그 광고에 대해 해명하거나 그

광고를 방송에서 내리는 방법을 생각하게 될 것이다.

마지막으로, 편지를 끝맺을 때에는 여러분의 나이가 몇 살이라는 것도
되도록 밝히는 것이 좋다. 여러분 나이 또래가 그런 편지를 쓰는 일이 흔
치 않기 때문에 여러분의 편지가 더더욱 그들의 주목을 받게 될 가능성이
높으니까 말이다.

그 편지를 광고주와 그 광고를 내보내는 텔레비전 방송국이나 라디오
방송국, 웹사이트, 이동 전화 서비스, 신문이나 잡지, 광고판 회사 등 모든
매체에 보내는 게 좋다. 또한 광고 규제를 담당하는 기관에도 편지를 보내
도록 한다.

제대로 항의하는 '바른' 글쓰기

여러분이 웹사이트나 소셜 미디어에 공개적으로 글을 쓰기로 결심했다면, 모든 사실을 정확하게 밝히고 여러분의 의견을 명확하고 논리적으로 전달해야 한다. 여러분이 쓴 글이 맞춤법도 많이 틀리고 무슨 말인지 알 수 없는 표현도 많다면 사람들은 여러분의 불만 사항을 심각하게 받아들이지 않을 것이다. 만약 여러분이 글쓰기에 자신이 없다면 동영상을 만들어서 사람들이 많이 드나드는 사이트에 게시하는 방법도 있다.

그런데 어떤 광고나 회사에 대해 잘못된 소문을 퍼뜨리면 그 회사의 명성에 손상을 입힐 수도 있다. 그러므로 여러분이 어떤 광고나 회사에 대해 누군가 올린 글을 보고 무턱대고 퍼다 나르기 전에 먼저 그 글의 주장이 사실인지 아닌지 확인해야 한다.

증거를 보여 줘!

두통에서 위궤양까지 모든 병을 치료할 수 있다고 주장하는 만병통치 의약품 광고는 수십 년 전부터 금지되었다. 그런데도 여전히 믿을 수 없는 과대·과장 광고를 내보내는 광고주들이 있다. 그러니 소비자는 뭔가 미심쩍은 주장을 하는 광고를 보게 되면 그 회사에 연락해서 그 주장을 입증할 만한 증거를 제시해 달라고 요구할 수도 있다. 이때 과학적으로 입증할 수 있는 증거를 원한다는 사실을 분명히 밝혀야 한다. 아울러 그 상품에 대한 홍보물을 더 받는 일이 없기를 바란다는 것도 확실히 알려 주어야 한다. 왜냐하면 그런 증거를 요청했다가 실제 증거 대신 홍보 브로셔나 판촉물만 잔뜩 받게 되는 일도 생기기 때문이다.

'광고'라는 풍경에 둘러싸인 삶

광고는 우리가 어떤 제품을 사도록 설득하는 것 말고도 크나큰 영향력을 발휘한다. 우리는 너무나 많은 광고 메시지에 둘러싸여 지내고 있기 때문에 '물건'과 '쇼핑'에 대해 필요 이상으로 많이 생각하게 된다. 그런 광고가 없다면 물건에 대해 그렇게까지 생각하지 않을 텐데 말이다.

방학 때 가족과 함께 텔레비전, 인터넷, 휴대 전화, 간판, 잡지 같은 것이 없는 외딴 곳으로 캠핑을 떠났다고 하자. 헤엄치고 텐트 치고 모닥불을 피우고 하느라 새로운 제품에 대해 생각할 겨를조차 없을 것이다. 사실 광고를 거의 볼 수 없는 나라에서 살다 오거나 멀리 여행을 다녀온 사람들은 자기 나라로 돌아와서는 광고가 얼마나 많은 자리를 차지하고 있는지 새

삼 깨닫고 무척 놀라기도 한다.

광고를 하지는 않지만 우리 생활에서 정말 중요한 것들이 많다. 우리가 시장에서 살 수 없는 것들에서 얼마나 많은 즐거움을 얻을 수 있는지 일깨워 주는 광고가 있을까? 어쩌면 우리는 광고에 정신을 빼앗겨서 더 많은 즐거움을 주고 더 나은 세상을 만드는 데 기여하는 것들을 소중히 여기지 못하는지도 모른다. 또 그것을 얻기 위해 노력하는 데 그다지 시간을 들이지 않는지도 모른다.

많은 사람들이 걱정하는 대로, 광고는 우리의 관심을 우리에게 필요한 것을 만들고 사용하는 것에서 그저 우리가 살 수 있는 것들을 점점 더 많이 사들이는 쪽으로 돌려 놓았다. 이에 대해 환경보호론자들은 제품의 생산, 홍보, 구입, 폐기가 지구의 자원을 고갈시킨다고 주장한다. 그래서 깨끗한 공기와 물, 나무, 금속, 석유, 가스가 끝없이 공급되는 것이 아니라는 사실을 일깨우는 광고를 만들어 보여 주기도 한다. 멀쩡한 것을 버리고 광고가 부추기는 새로운 것을 사들이는 생활 방식은 지구를 더 이상 인간이 살 수 없는 곳으로 만들어 버린다는 것이다.

광고 없는 도시

2007년에 브라질의 도시 상파울루에서는 광고판은 물론이고 버스와 택시, 가게 간판에 게시되는 광고를 비롯해 모든 옥외 광고를 금지한 적이 있다. 이처럼 옥외 광고를 모조리 금지하는 것이 도시나 마을을 더 멋진 곳으로 만드는 데 공헌할까? 아니면 광고가 오히려 도시의 색상과 특성을 더 잘 살리는 데 도움이 될까? 광고가 전혀 없는 미국 뉴욕의 도심이나 서울의 명동 한복판을 상상해 볼 수 있는가?

아무것도 사지 않는 날

애드버스터스Adbusters 는 원래 캐나다에서 발행되는 잡지 이름인데, 지금은 하나의 운동으로 발전했다. 애드버스터스는 '광고를 때려 부순다'는 뜻으로, 소수의 기업이 대다수의 소비자에게 영향력을 발휘하는 방식에 저항하기 위한 소비자 운동 단체이기도 하다. 많은 사람들이 광고와 소비 문화를 비판하는 애드버스터스를 '문화 훼방꾼'이라 부르면서 따르고 있다. 애드버스터스는 사람들로 하여금 오늘날 광고 중심의 문화가 사람들의 생각과 행동에 어떤 영향을 미치는지 의문을 갖도록 하기 위해 광고 이미지나 패러디 광고를 직접 만들어 낸다. 예를 들어 해마다 크리스마스 쇼핑 시즌인 11월에 '아무것도 사지 않는 날'을 정해서 홍보하기도 한다. 그 광고의 요지는 우리가 꼭 필요하지 않은 물건을 얼마나 사들이고 있는가를 다시금 생각하게 만드는 것이다. 과연 이런 캠페인이 사람들의 소비 습관에 변화를 가져올 수 있을까?

그 많은 쓰레기는 어디로 갈까?

오래된 장난감이나 더 이상 맞지 않아 못 입게 된 티셔츠를 버리면 그 물건들은 어떻게 될까? 우리가 물건을 내다 버린다면 정확히 어디까지 '멀리' 내다 버릴 수 있을까? 점점 더 많은 사람들이, 지구가 엄청 큰 것처럼 보이지만 실제로는 아주 작다는 사실을 깨닫고 있다. 지금까지 어느 누구도 지구 밖 행성 쓰레기 처리장을 개발해 내지는 못했다.

여러분이 새 스마트폰을 갖게 되어 고물이 된 예전 기기를 버리기로 했다면 그걸 재활용 센터로 보낼지 그냥 버릴지 생각할 것이다. 그런데 그전에 이런 온갖 물건들이 산더미처럼 쌓여 있는 광경을 한번 상상해 보자.

새 스마트폰이 여러분의 손에 들어오기까지는 또 어떤 과정을 거치는지 한번 살펴보자.

자원 추출

새 스마트폰과 플라스틱 케이스, 충전기, 사용 설명서, 그리고 제품을 포장할 상자를 만들려면 원료를 채굴해서 가공하고 나무도 잘라 내야 한다.

제품 생산

원료를 전자 부품, 플라스틱, 종이, 판지 등으로 가공하려면 에너지를 써서 공장을 가동해야 한다. 공장에서는 나무 펄프를 골판지나 종이 제품으로 가공하고, 플라스틱이나 금속 부품을 제조한다. 그런데 제품을 가공하는 과정에서는 어떤 일이 생길까? 이 과정에서 대부분 공기 오염과 수질

오염이 일어난다.

고객 유치

새 스마트폰을 홍보하는 광고를 하려면 먼저 포스터, 잡지 광고, 옥외 광고판 등에 게시할 인쇄물을 만들기 위해 종이를 쓰게 된다. 그리고 텔레비전 광고와 영화 광고를 제작하느라 자원을 쓰게 되고, 인터넷 광고나 그밖의 다양한 형태의 광고물을 만들기 위해 또 많은 에너지를 쓰게 된다.

새 스마트폰을 사기 전에, 또 낡은 휴대 전화를 '멀리' 버리기 전에 생각해 보자. 지구에는 이미 버려진 물건이 쓰레기산을 이루고 있다는 사실을.

무제한으로 쏟아지는 광고물

하루 동안 전단지, 카탈로그, 쿠폰 등 각종 광고물이 얼마나 많이 집으로 배달될까? 어떤 통계에 따르면, 그런 광고물을 만들기 위해 해마다 6000만 그루의 나무가 베어지고, 한 해 동안 400만 톤의 쓰레기가 만들어진다고 한다. 이런 일에 기여하지 않으려고 우편함에 '광고물 거부'나 '수신 거부'라고 쓰인 스티커를 붙이는 사람들도 늘고 있다.

착한 광고란?

반면에 환경을 보호하기 위한 목적으로 제작되는 광고도 있다. 그린 피스나 세계야생동물연맹 같은 단체들은 사람들이 자신들의 구매 행위가 공기, 물, 숲, 멸종 위기에 놓인 동물 등에 어떤 영향을 미치는지 생각해 보도록 하는 광고를 개발해서 옥외 광고판, 인쇄 매체, 웹사이트, 텔레비전 등으로 보여 준다.

사람들에게 소비를 하도록 설득하는 것이 아니라 기부를 하도록 설득하는 광고도 있다. 질병 퇴치, 빈곤 퇴치, 또는 사회 문제 해결을 위해 모금하는 광고가 그런 예이다. 그런 광고는 특정 문제에 대해 사람들의 인식을 높이고, 사람들이 그 문제를 해결하기 위해 나서도록 하려고 만들어진 것이다. 이렇듯 제품 판매보다는 가치 있는 사회적 목적을 위한 광고만을 제작하는 광고 대행사도 있다.

충격 전략의 역효과

자선 단체는 사람들의 마음을 움직이게 하는 광고를 만들기 위해 굶주린 아이들이나 어떤 질병의 희생자를 광고의 이미지로 사용하기도 한다. 충격적인 광고는 흔히 사람들의 입소문을 타게 된다. 하지만 이런 광고 방법을 두고, 자선 단체가 사람들로 하여금 슬픔이나 죄책감을 느끼게 만들어서 돈을 내놓게 한다고 비판하는 사람들도 있다. 그들은 충격 전략이 처음에는 효과적일 수 있지만, 차츰 익숙해지면 사람들은 그 같은 광고에 '연민에 대한 피로감'을 느끼고 더 이상 반응하지 않게 된다고 말한다.

만약 여러분이 자선 단체의 광고에서 유기 동물이나 슬픔으로 가득한 아이의 얼굴을 보게 된다면, 그 때문에 후원할 마음이 더 들까? 아니면 그들이 여러분의 감정을 조작하고 있다는 느낌을 받을까? 따분해 보이기만 하는 사회 문제에 사람들이 관심을 갖도록 하기 위해서 꼭 충격적인 광고를 해야 할까?

광고하지 않으면 성공하기 어렵다고?

미국의 창고형 할인 매장 코스트코는 식료품과 상품을 팔아 엄청난 매출을 올린다고 한다. 그 정도 규모의 기업이라면 대부분 엄청난 광고비를 쓰는데, 코스트코는 광고에 단 한 푼도 쓰지 않는다. 심지어 홍보 담당 직원도 두지 않는다. 그 대신 입소문을 통하거나 고객과의 좋은 관계를 유지하는 방법으로 자신들을 홍보한다.

코스트코는 또한 언론에 환경 친화적이고 사회적 책임을 실천하는 기업으로 보도되어 좋은 이미지를 만들어 왔다. 게다가 광고를 하지 않아서 예산을 절약한 덕택에 고객에게 싼 가격으로 상품을 제공하고 직원에게는

더 높은 급여와 복지 혜택을 줄 수 있다고 한다.

많은 마케팅 전문가들은 광고를 하지 않으면 기업이 성공하기 어렵다고 주장한다. 그들은 또 기업이 텔레비전이나 잡지, 웹사이트 등에 광고를 하지 않으면 사람들이 그 기업의 제품을 몰라서 사지도 않을 테니, 아무리 좋은 제품을 만든다고 한들 무슨 소용이 있겠느냐고 말한다.

하지만 코스트코와 영국 화장품 브랜드 더바디샵, 미국 요가용품 업체 룰루레몬처럼 늘 해왔던 방식의 광고에 의존하지 않고 성공한 기업을 보면 마케팅 전문가들의 주장이 옳지만은 않다는 것을 알 수 있다.

광고에도 아카데미상이 있다

광고가 예술이 될 수도 있다. 광고가 사람들의 관심을 끌고 사람들을 웃거나 울게 만들면서, 동시에 무엇을 팔려는 원래의 목적에 충실하기란 쉽지 않은 일이다. 어쨌든 영화 분야에 아카데미상이 있고, 음악 분야에 그래미상이 있듯이 광고 분야에도 최고의 광고에 주는 상이 있다. 창의성 있는 광고 작품에 주는 상이다. 대표적인 것으로 클리오 국제광고상과 칸 국제광고제가 있다. 칸 국제광고제에서는 세계 곳곳에서 제출된 광고들이 심사를 받는다. 2012년에는 3만 4000건이나 되는 광고 작품이 제출되었다.

여러분이 곧 광고업계의 미래

몇 년 뒤에는 여러분 또래가 광고나 광고 관련 분야에서 일하게 될 것이다. 광고를 만들기 위해 시장 조사를 하고, 아이디어를 내고, 촬영하고, 디자인하고, 감독하고, 광고에 직접 출연하는 일도 있을 것이다. 어쩌면 그중 일부는 다른 사람들에게 회사의 제품이나 서비스를 어떻게 홍보할 것인가에 대해 중요한 결정을 내리는 자리에 있을지도 모른다. 광고에서 마음에 들지 않는 부분을 바꾸거나 다른 홍보 방식을 선택할 수도 있게 될 것이다. 심지어 광고를 하지 않기로 결정할 수도 있다!

광고 관련 직종

광고를 하나 만드는 데는 군단 하나가 필요하다. 그 군단이란 대부분 광고물을 개발하기 위해 회사가 고용한 광고 대행사를 말한다. 광고 대행사에서는 대체로 다음과 같은 사람들을 필요로 한다.

창조적 인력

창조적 아이디어를 생산해 내기 위해 팀을 이루어 일하는 카피라이터나 아트디렉터 같은 사람들을 말한다. 카피라이터는 광고 문구나 문안을 작성하고, 아트디렉터는 광고에서 모든 시각적인 부분을 담당하는 예술 감독이다.

광고 기획자

광고 대행사 내에서 고객(기업)을 대변하여 광고주의 요구 사항을 만족시키는 광고물을 제작할 수 있도록 광고 제작 팀과 협의하는 일을 한다.

광고 제작 팀

광고가 실제로 만들어질 수 있도록 조율하는 역할을 한다. 텔레비전 광고를 찍기 위해서는 감독이나 제작사와 협의하고, 인쇄 광고를 만들어 내기 위해서는 사진 작가, 디자이너, 아티스트, 인쇄업체 등과 협의하는 일을 한다.

미디어 바이어 *Media buyer*

광고 매체의 시간이나 지면을 구입하는 담당자로, 완성된 광고를 구매자들에게 가장 영향을 미칠 만한 매체에 올리는 매체 구매자 역할을 한다. 광고주에게 텔레비전이나 라디오, 신문이나 잡지, 웹사이트, 버스 정류장, 옥외 광고판 등 어느 매체에 광고물을 게시할 것인지 조언해 준다.

나만의 광고를 만들어 보자!

이제 여러분은 광고에 대해 많은 것을 알게 되어 자신이 마치 광고 전문가라도 된 듯한 느낌이 들 것이다. 광고가 얼마나 설득력을 갖는지 알았으니 어쩌면 여러분 자신을 광고하는 실험을 해 보고 싶을지도 모른다.

여러분이 학생회 활동을 하고 있으며 학생회에서 주최하는 축제에 사람들을 불러 모으는 방법을 생각하고 있다고 해 보자. 아니면 집에서 필요 없는 물건을 모아 벼룩시장을 연다고 해 보자. 그 행사를 널리 알리려면 어떻게 해야 할까?

먼저, 여러분이 홍보하려는 것에 대해 스스로 몇 가지 질문을 던져 보자.
- 무엇을 팔려고 하지? 제품 또는 이벤트?
- 그걸 누구에게 팔려고 하지? 사람들에게 그걸 알리는 가장 좋은 방법은 무엇일까?
- 그건 어디에 쓰이지? 사람들이 왜 그걸 원하는 걸까?
- 그 제품의 가장 큰 매력은 무엇일까?

광고에 어떤 내용을 담을지 결정한 뒤에는 다음과 같은 작업을 한다.
- 미리 준비한다. 벼룩시장이나 축제 같은 이벤트를 계획하고 있다면, 그 이벤트에 대한 광고를 미뤄 두지 않는다.
- 짧고 인상적인 구호를 만들어 낸다. 사람들의 기억에 남을 만한 메시

지를 단 한 줄로 요약한다.

- 광고 대상을 파악한다. 사람들은 다 다르기 때문에 광고에 대한 반응도 모두 다를 수밖에 없다. 그러니까 여러분이 어떤 사람들을 대상으로 광고를 하려는지 잘 파악하고 그들의 관심을 끌 만한 광고를 만들어 내야 한다. 예를 들어 페이스북에 올린다든지 포스터를 제작해서 붙인다든지 광고 대상에 맞는 방법으로 광고한다.

- 메시지에 맞는 이미지를 쓴다. 광고에 컴퓨터 그래픽이나 사진, 그림 등을 넣으면 사람들의 흥미를 더 끌 수 있다. 그런데 다른 사람의 그림이나 사진을 사용할 때에는 그 사람에게 먼저 허가를 받아야 한다.

- 모든 관련 정보와 함께 사람들이 그 정보를 얻을 수 있는 방법, 그러니까 웹사이트 주소나 이메일 주소, 전화번호 등을 광고 내용에 담아야 한다.

- Z 라인을 따라야 한다. 사람들은 인쇄물이나 웹 페이지를 훑어볼 때 주로 Z 방향으로 눈을 움직여서 본다. 상단 왼쪽에서 오른쪽으로, 그 다음에 오른쪽 상단 모서리에서 대각선으로 내려와 왼쪽 하단 모서

리로, 그리고는 하단 왼쪽에서 오른쪽으로 눈을 움직인다. 따라서 사람들이 광고를 대충 훑어보면서도 모든 필요한 세부 정보를 얻도록 하려면 중요한 정보를 이 같은 Z 라인을 따라 배치하는 것이 좋다.

• 여러분이 만든 광고의 복사본을 만들거나 인터넷에 게시하기 전에 그 광고를 다른 사람에게 꼭 보여 주도록 한다. 다른 사람의 의견은 언제나 쓸모가 있다. 특히 여러분은 무슨 뜻인지 분명히 알더라도 다른 사람한테는 잘 전달되지 않는 경우도 있다. 그렇게 해서 맞춤법이나 표현이 틀린 부분을 찾아내기도 한다.

1장에서 '물고기에게는 물이 보이지 않는다.'라는 속담을 말한 적이 있다. 그처럼 광고는 우리 삶에서 떼려야 뗄 수 없는 한 부분이 되었다. 우리는 어디를 가나 '광고의 바다'에서 헤엄치고 있는 셈이다. 그러니 우리를 둘러싸고 있는 '물'이 어떤 물인지 깨닫고 사는 게 중요하다.

현명한 사람은 광고의 바다에 살면서도 스스로 늘 이런 질문을 던진다.

• 내가 이 광고 내용을 믿기를 바라는 사람은 누구일까?
• 내가 이 광고를 믿으면 그들에게 어떤 이익이 돌아갈까?
• 이 광고는 또 다른 무엇을 팔고 있는 거지?
• 이 광고는 무엇을 빠뜨렸지?

지식은 모험이다 06

광고는 왜 10대를 좋아할까?

처음 펴낸 날 **2014년 7월 20일** | 일곱번째 펴낸 날 **2020년 5월 6일**

글 **샤리 그레이든** | 그림 **미셸 라모로** | 옮김 **김루시아**
펴낸이 **이은수** | 편집인 **양진희** | 편집 **이지원** | 교정 **송혜주** | 북디자인 **투피피**

펴낸곳 **오유아이(초록개구리)** | 출판등록 **2015년 9월 24일(제300-2015-147호)**
주소 서울시 종로구 비봉2길 32, 3동 101호 | 전화 **02-6385-9930** | 팩스 **0303-3443-9930**
페이스북 **www.facebook.com/greenfrog.pub** | 대표메일 **greenfrog2004@naver.com**

ISBN 978-89-92161-82-4 44300
ISBN 978-89-92161-76-3 (세트)

*이 도서의 국립중앙도서관 출판시도서목록(CIP)은 서지정보유통지원시스템 홈페이지(http://seoji.nl.go.kr)와
  국가자료공동목록시스템(http://www.nl.go.kr/kolisnet)에서 이용하실 수 있습니다. (CIP제어번호: CIP2014019695)
*오유아이는 초록개구리가 만든 또 하나의 출판 브랜드입니다.
  Oui는 프랑스어로 '예'라는 뜻입니다. 세상에 대한 긍정의 태도, 모험을 두려워 하지 않는 도전 정신을 책에 담고자 합니다.